Michael Gundlach

Pop Piano in der Praxis
Band 1

artist ahead

Vorwort

In seiner über 20-jährigen Berufserfahrung als Pianist und Keyboarder, hat Michael Gundlach mit vielen Vocalisten und Musikern in nahezu allen Stilbereichen der Popmusik zusammen gearbeitet. Von Rock, Pop, Soul, über Jazz bis hin zum ganz gewöhnlichen Volkslied ist ihm dabei stilistisch alles durch die Finger gegangen. Immer wieder wurde er bei seinen Konzerten gefragt, ob es nicht ein Lehrbuch gibt, das einem von A-Z erklärt, wie man Songs nach Akkordsymbolen spielt. Was muss oder kann man spielen, wenn einem ein Noten-Beispiel wie dieses über den Weg läuft, bei dem nur Melodie und Akkordsymbole zu Verfügung stehen:

Selbst versierte Pianisten, die Klavierspielen „nur" nach Noten gelernt haben, tun sich damit oft sehr schwer. Daher war es Michael Gundlach ein Anliegen, mit diesem Buch Abhilfe zu schaffen und einen Leitfaden zu erstellen, der Ihnen ermöglicht, sowohl eine geschmackvolle Begleitung von Popsongs zu erstellen, als auch Songs Piano-Solo zu spielen.
Viele Beispiele sind gebräuchliche Begleitfiguren der Popmusik und dienen dabei als Bausteine, die es Ihnen ermöglichen, eine Begleitung nach dem eigenen persönlichen Geschmack zu erstellen.

Viel Spaß und Erfolg beim „Entdecken" der Popmusik

6. Auflage 08/23

ISBN 978-3-86642-017-5

Notensatz: Michael Gundlach
Cartoon: Boris Krauß
Foto: Oliver Hurst
Printed in Germany

Hergestellt in der EU

artist ahead GmbH · Wiesenstraße 2-6 · 69190 Walldorf · Germany
info@artist-ahead.de · www.artist-ahead.de

Inhalt

Zum Umgang mit diesem Lehrbuch

Der Aufbau des Buches kann in 5 Hauptthemen gegliedert werden und sollte auch in dieser Reihenfolge durchgearbeitet werden:

Grundregeln
Nach diesen Regeln verwandeln Sie Akkordsymbole zu einem Piano-Arrangement.

Akkordvariationen der rechten Hand
Vermittelt Ihnen ein abwechslungsreiches Spiel der rechten Hand.

Bassfiguren für die linke Hand
Hier lernen Sie viele stilübergreifende Bassläufe für Ihre linke Hand.

Intros, Endings und Überleitungen
Zeigt verschiedene Möglichkeiten Einleitungen, Schlusteile und Zwischenspiele zu entwickeln.

Verschiedene Stile der populären Musik
Das bisher Gelernte wird auf einer Reise durch verschiedene Musikrichtungen praxisnah eingesetzt und stilbezogen ergänzt.

Jedes dieser Kapitel enthält neben den Erklärungen mindestens eine der folgenden Praxisübungen:
- Einfache Beispiele und Übungen
In kurzen Abschnitten wird ein Begleitmuster mit einem C-Dur und/oder C-Moll Akkord geübt.

- Beispiele und Übungen anhand der Kadenz
Der musikalische „Baustein" wird mit der typischen Kadenz Tonika - Subdominante - Dominate (also beispielsweise der Akkordfolge C - F - G) praxisnah eingesetzt.

- Ausgearbeitete Songs
Dort wird der Lerninhalt eines Kapitels in einem komplett arrangierten Song umgesetzt. Es werden zwei verschiedene Ausarbeitungen unterschieden.

Piano-Begleitung: Diese Version enthält keine Melodielinie, und wird zur Begleitung von Sängern oder Solo-Instrumentalisten verwendet.
Piano-Solo: Die Melodielinie des Songs ist im Klavierarrangement mit eingearbeitet.

Bei der Auswahl der Lieder wurde speziell darauf geachtet, dass diese jeder kennt und einfach zu spielen sind. Oft wird ein und das gleiche Lied in verschiedenen Musikstilen und Kapiteln behandelt, damit Sie die Begleitmuster besser vergleichen können. Wird ein Song in diesem Buch zum erstenmal verwendet, ist der ausgearbeiten Version noch ein sogenanntes „Lead-Sheet" vorangestellt, das nur aus der Melodielinie und den Akkorden besteht, so wie Sie es beispielsweise von Song- oder Liederbüchern kennen.

Harmonielehre
Sie wissen nicht welche Töne bei einem bestimmten Akkordsymbol zu spielen sind, oder was Sie mit Begriffen wie „None" oder „großer Terz" anfangen sollen? Macht nichts! Zum Durcharbeiten dieses Lehrbuchs ist dies nicht zwingend erforderlich. Wir empfehlen Ihnen aber in diesem Fall trotzdem sich die Harmonielehre (S.102 ff) durchzulesen, und bei Bedarf immer wieder darin nachzuschlagen.

Download der Audiotracks,
Hör- und zusätzlichen Notenbeispielen

- 180 Hörbeispiele auf 96 Audio-Tracks.
- PDF-Datei mit den Notenbeispielen dieses Buches in allen Tonarten.

Rufen sie die Seite   www.artist-ahead-download.de   in ihrem Browser auf. Klicken sie auf den entsprechenden Downloadbutton „Pop Piano in der Praxis - Band 1" und geben sie dort die folgenden Zugangsdaten ein.

Benutzer: **PopPiano1**
Passwort: **Akkorde**

Hier haben sie jetzt verschiedene Optionen sich zusätzliches Material herunterzuladen, zu speichern oder auf CD zu brennen. Eine **Audio-CD** mit allen Titeln zu diesem Buch gibt es ausschließlich und nur in unserem Onlineshop auf   **www.artist-ahead.de**

Tipps zum Üben

- Üben Sie alle Beispiele des Lehrgangs zuerst mit jeder Hand getrennt. Fehlerquellen, besonders in der linken Hand, sind dadurch leichter zu erkennen und somit auch besser zu vermeiden. Was Sie nicht mit einer Hand alleine spielen können, können Sie auch nicht mit beiden Händen zusammen.

- Greifen Sie sich immer wieder ein Thema (z.B. „Akkorde ohne Terz") heraus und üben Sie die Beispiele intensiv, um diese besser zu verinnerlichen. Versuchen Sie danach dieses Thema an einem Song Ihrer Wahl anzuwenden.

- Üben Sie immer mit Metronom oder Rhythmusgerät. Ein gutes „Timing" ist sehr wichtig, besonders für einen Begleiter. Das Metronom hilft Ihnen das Spieltempo gleichmäßig zu halten. Betrachten Sie es als Ihren Freund!

- Viele der Beispiele in diesem Buch sind musikalische „Bausteine". Interessant wird es, wenn Sie diese „Bausteine" mischen oder gegeneinander austauschen. Auf diese Weise können Sie Ihre Kreativität mehr und mehr zur Entfaltung bringen.

- Hören Sie sich vor dem Üben die jeweiligen Beispiele gut an, um auch das Empfinden für die richtige Spielweise (Phrasierung) zu bekommen. Spielen sie auch zu den Audio-Tracks.

Grundregeln

Die folgenden drei Regeln bilden den Grundstein jedes guten Piano-Arrangements. Deshalb ist es wichtig diese Grundregeln zu kennen und zu beherrschen.

Grundregel 1

Die linke Hand eines Pianisten übernimmt die Rolle des Bassisten einer Band. Die meist einstimmigen Bassfiguren erfüllen gleich zwei wichtige Aufgaben. Einerseits wird die Musikrichtung (= Stil) wesentlich von der Rhythmik der Basslinie geprägt, und zum anderen unterstützen die tiefen Basstöne die Harmonien, also die Akkordwechsel im Song. Dazu wird in der Regel auf den ersten Schlag jedes Akkords der Grundton gespielt, und der Basslauf mit der Quinte und dem oktavierten Grundton variiert. Solch ein Muster für die linke Hand kann sowohl bei Moll- als auch bei Dur-Akkorden angewandt werden, da es, auf Grund der fehlenden Terz, „geschlechtslos" ist.

Die rechte Hand spielt immer den Akkord, oder Variationen des selbigen. Nachdem Sie die Grundregeln kennengelernt haben, stellen wir Ihnen sechs Variationsmöglichkeiten für die rechte Hand vor.

Beispiel:

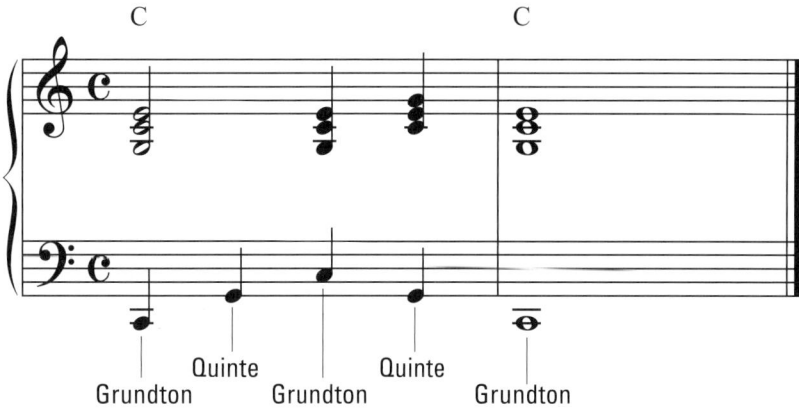

Grundregel 2

Soll das Klavier nicht nur einen Sänger oder Instrumentalisten begleiten (Piano-Begleitung), sondern gleichzeitig die Songmelodie übernehmen (Piano-Solo), hat die rechte Hand zwei Funktionen zu erfüllen. In der Oberstimme spielt sie die Melodie, und legt gleichzeitig Akkorde darunter. Die höchste Note der rechten Hand entspricht also immer dem Ton der Melodielinie. Die Akkorde sollten dabei hauptsächlich auf die Schwerpunkte eines Taktes gespielt werden. (4/4-Takt: Erster und dritter Schlag; 3/4-Takt: Erster Schlag)

Zwei einfache Beispiele verdeutlichen die ersten zwei Grundregeln anhand der traditionellen Folksongs „Sur le Pont" und „Old Lang Syne". Vergleicht man das jeweils vorangestellte „Lead-Sheet" mit der ausgearbeiteten Version, kann man die in Akkorden eingebettete Melodielinie deutlich erkennen.

artist ahead

Sur le pont d'Avignon

Traditional
Arr.: Michael Gundlach

Lead-Sheet

 ### Sur le pont d'Avignon

Ausgearbeitete Version

Traditional
Arr.: Michael Gundlach

Old Lang Syne
Lead-Sheet

Traditional
Arr.: Michael Gundlach

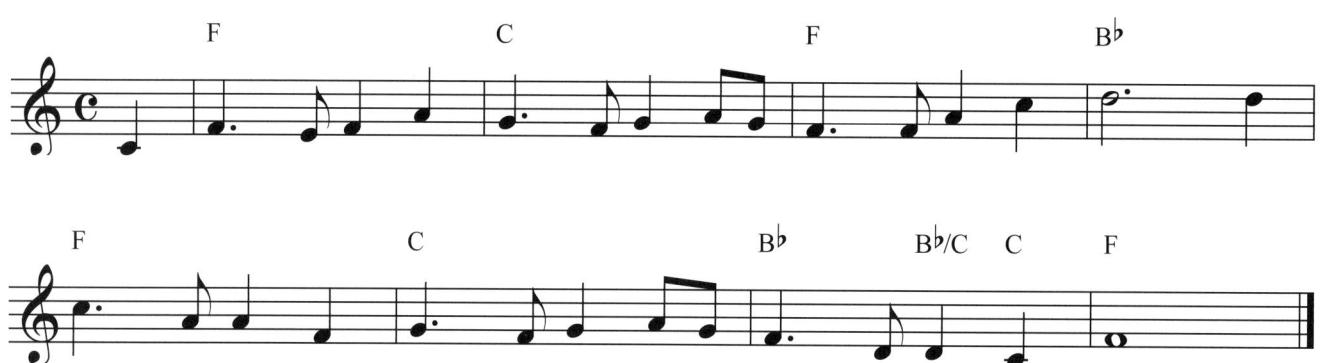

Old Lang Syne
Ausgearbeitete Version

Traditional
Arr.: Michael Gundlach

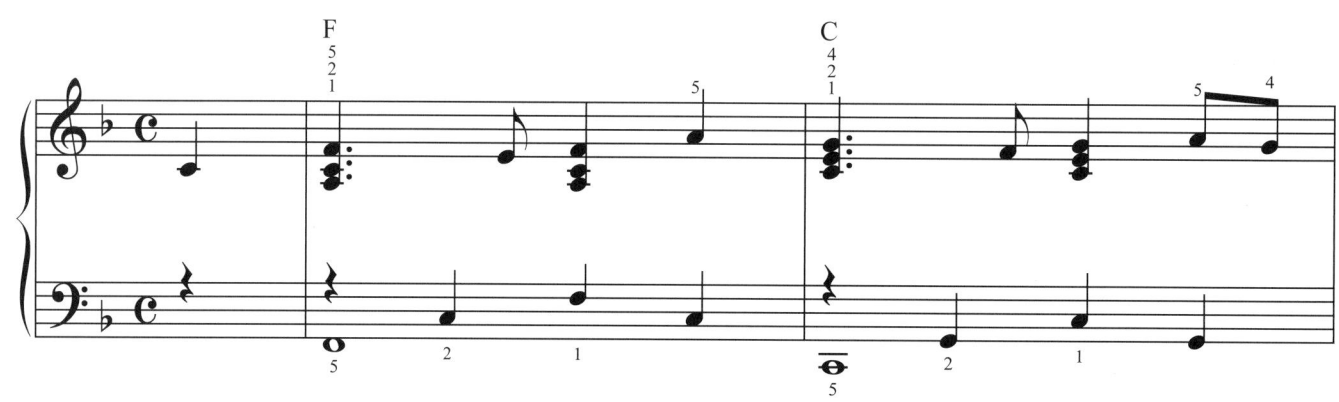

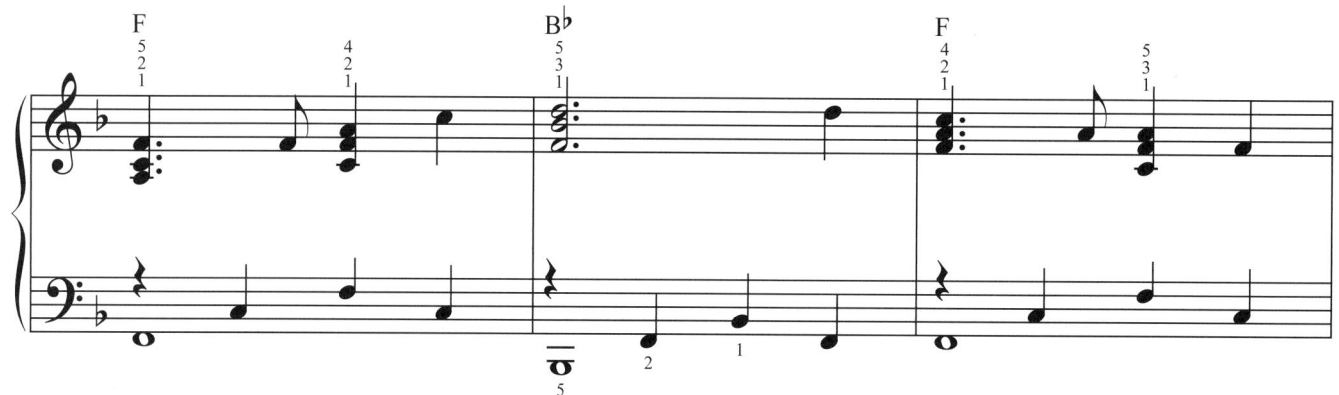

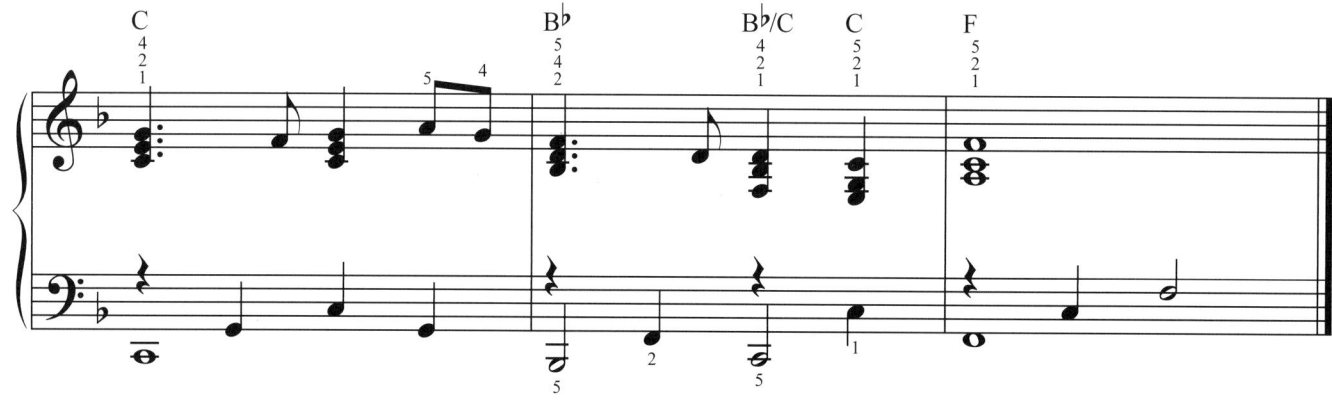

Grundregel 3

Wechselt die rechte Hand von einem Akkord auf den nächsten, sollte die Stimmführung nach dem „Gesetz des nächsten Weges" erfolgen. Das heisst, dass beim Verbinden zweier Akkorde, gleiche Töne liegen bleiben, und die zu ändernden Töne zu den nächstliegenden Tönen des folgenden Akkords wechseln. Diese Regel wird mit dem Beispiel eines Akkordwechsels von C-Dur nach F-Dur deutlich. Der gemeinsame Ton „C" bleibt liegen, das „E" wird zum „F" und das „G" zum „A".

Beispiel:

Nun haben Sie die einfachen Regeln kennengelernt, um populäre Songs nach Akkordsymbolen zu begleiten. Fast alle Beispiele dieses Lehrgangs befolgen diese drei Grundregeln. Natürlich gibt es auch Ausnahmen (z.B. linke Hand des „Boogie Woogie" oder auch der „Pop-Ballade" in diesem Buch).

Sechs Möglichkeiten der Akkordvariation

Vor allem wenn ein Akkord über mehrere Takte hinaus gespielt werden muss, sollte das Akkordspiel der rechten Hand variieren. Nur so entsteht eine lebendige und abwechslungsreiche Piano-Begleitung. Neben der rhythmischen Variation stellt Ihnen dieses Kapitel sechs Möglichkeiten vor, wie Sie die Noten der Akkorde variieren können.
Die jeweiligen Übungen und Beispiele dieses Kapitels weisen immer eine andere Rhythmik auf, und sind außerdem bereits mit Bassfiguren für die linke Hand versehen, damit sie sofort in der Praxis einsetzbar sind.

1. Akkordumkehrungen

Die einfachste Variationsmöglichkeit der rechten Hand ist die Verwendung von Akkordumkehrungen. Durch die unterschiedliche Lage der einzelnen Akkordtöne entstehen verschiedene Akkordstellungen. Wenn die tiefste Note dem Grundton des Akkords entspricht, wird diese Stellung als „Grundstellung" bezeichnet.
Bei einem Dreiklang gibt es drei mögliche Stellungen:

Grundstellung   1. Umkehrung   2. Umkehrung

Da die Akkordumkehrungen die Töne des Akkords nicht verändern, werden sie als Grundlage für die Akkordvariation verwendet. Auch innerhalb des Lehrgangs werden wir diese Akkordumkehrungen immer wieder kommentarlos anwenden, und mit den anderen Variationsmöglichkeiten der rechten Hand kombinieren.

Übungen mit Akkordumkehrungen

artist ahead

Akkordumkehrungen anhand der Kadenz

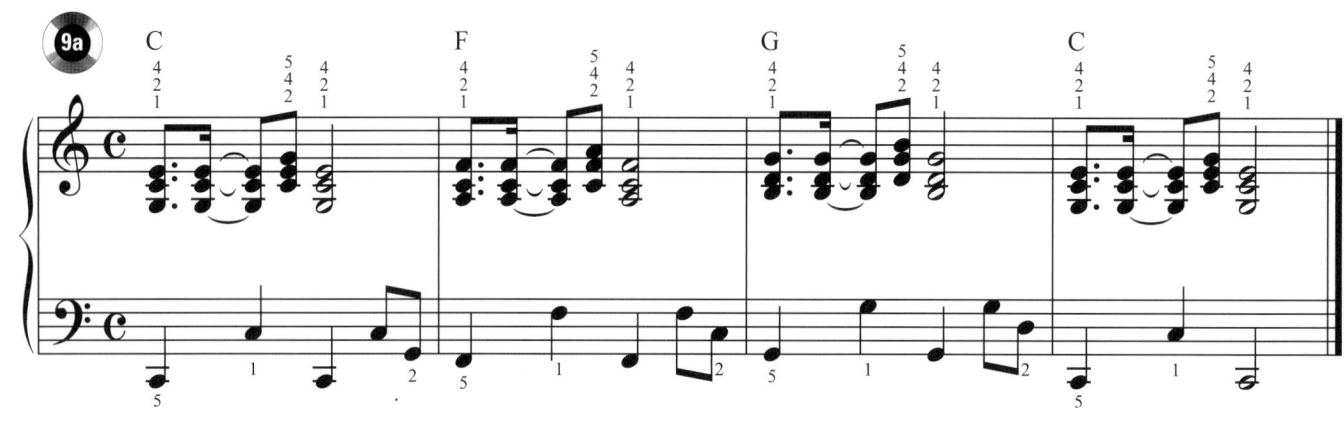

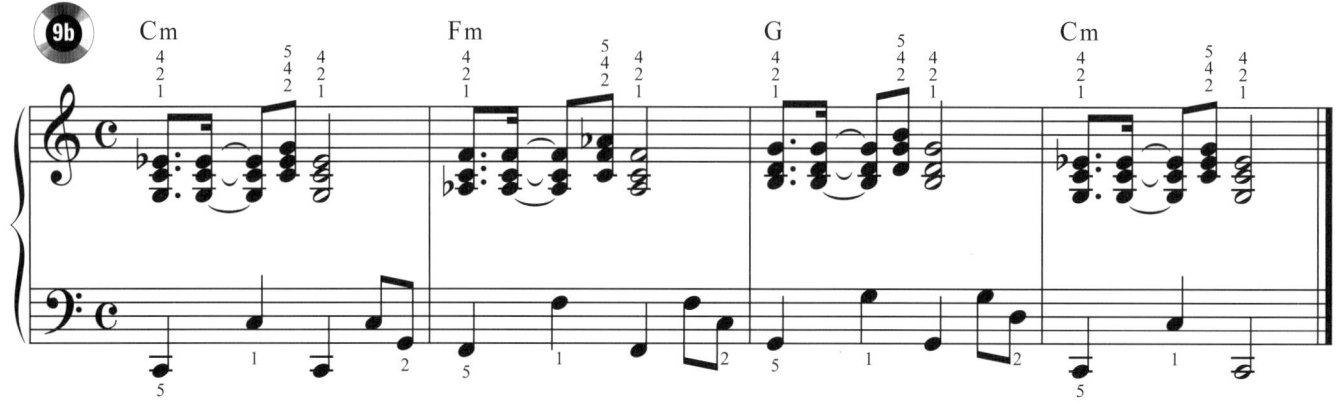

Oh My Darling

Lead-Sheet

Traditional
Arr.: Michael Gundlach

Oh My Darling
Begleitung mit Akkordumkehrungen

Traditional
Arr.: Michael Gundlach

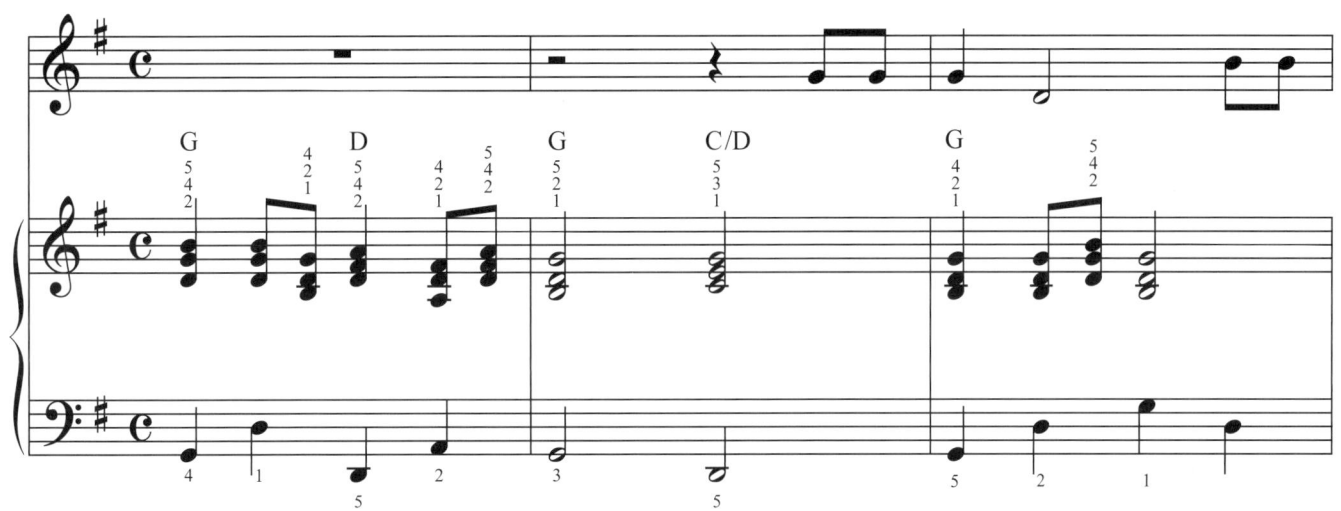

Oh When The Saints

Lead-Sheet

Traditional
Arr.: Michael Gundlach

Oh When The Saints
Begleitung mit Akkordumkehrungen

Traditional
Arr.: Michael Gundlach

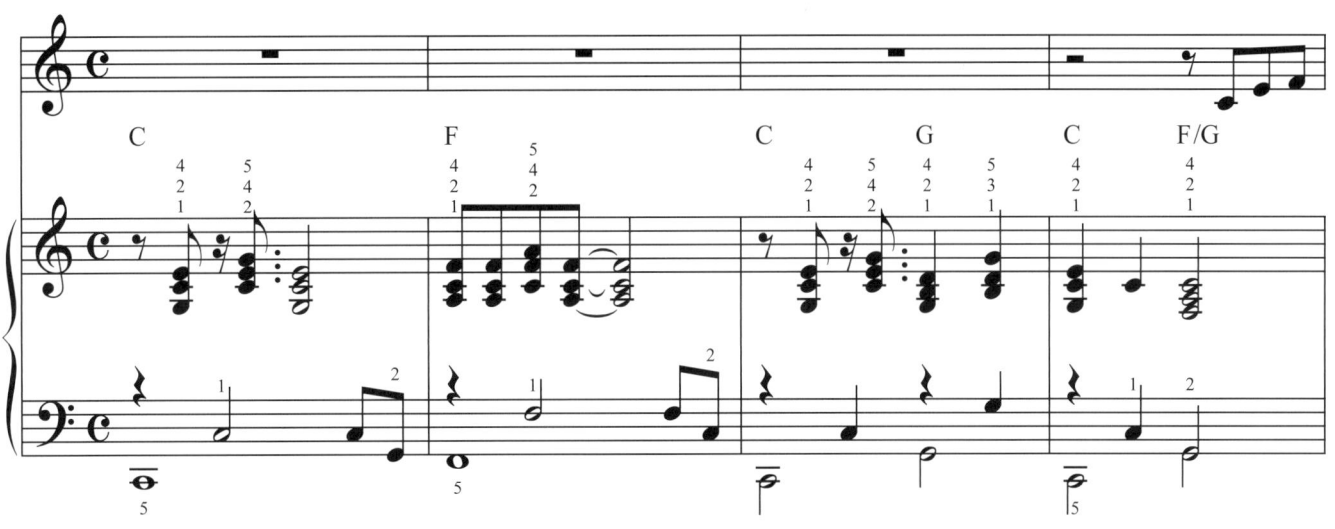

2. Akkorde ohne Terz

Durch das Weglassen der Terz nehmen wir die erste harmonische Veränderung an einem Akkord vor. Dur und Moll Akkorde verlieren dadurch das „Geschlecht“. Es entstehen „offene“ Akkorde, die vor allem in der Rockmusik zum Einsatz kommen. Um wieder einen Dreiklang zu erhalten, kann der Grundton oder die Quinte verdoppelt werden. Ein Akkord ohne Terz wird auch als „Power-Chord“ bezeichnet.

Übungen mit Akkorden ohne Terz

12a

12b

12c

12d

12e

13a

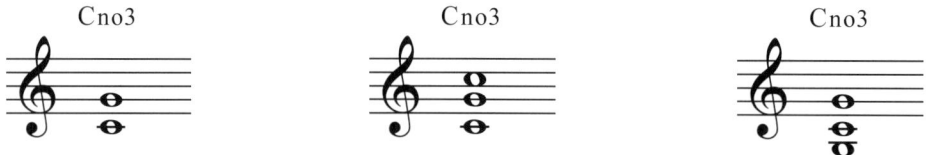

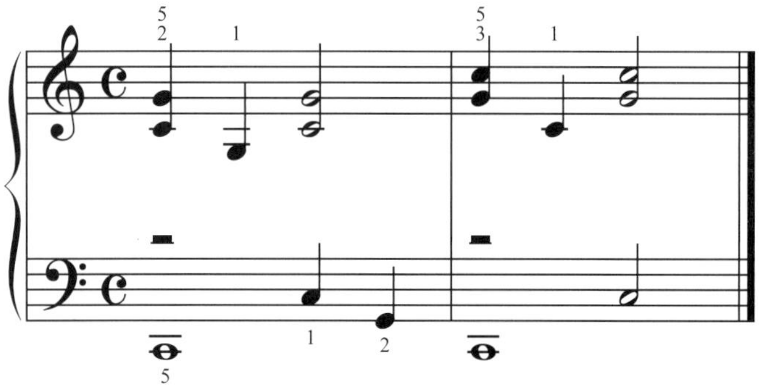

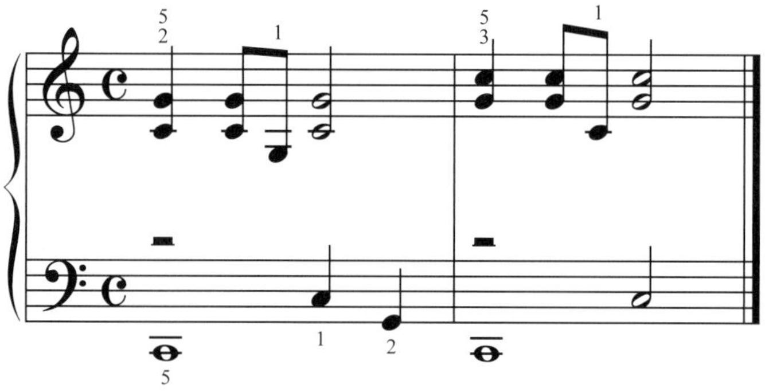

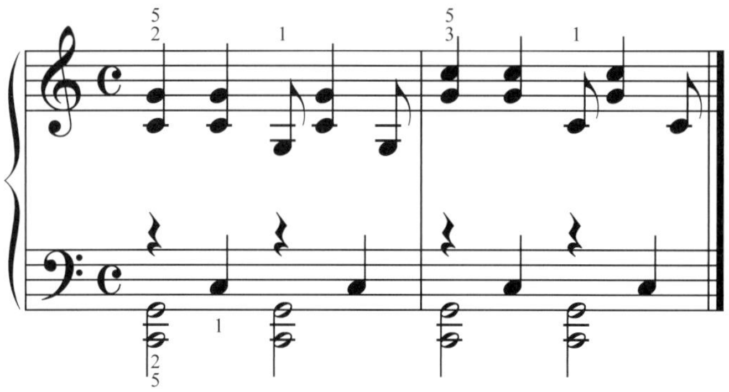

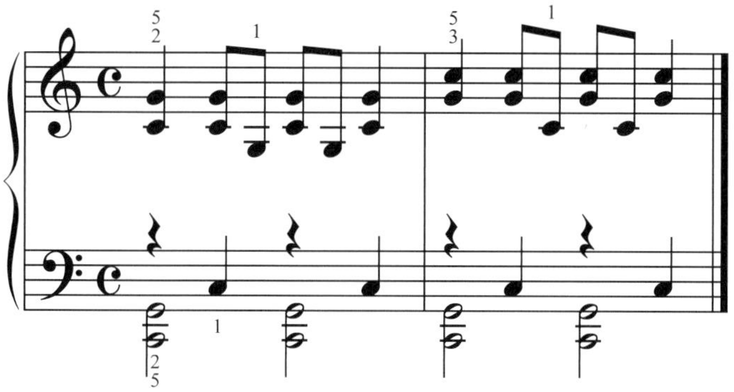

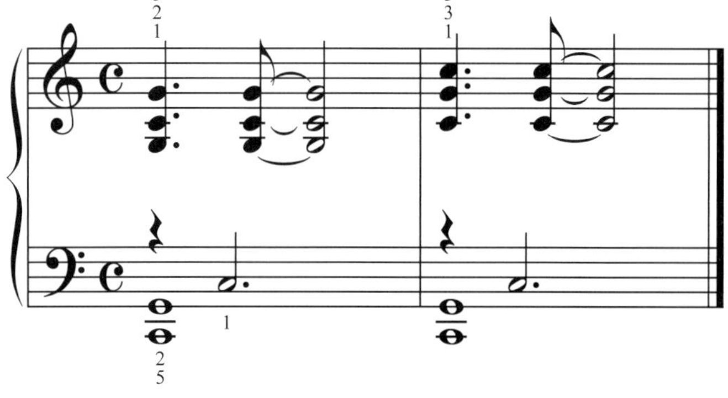

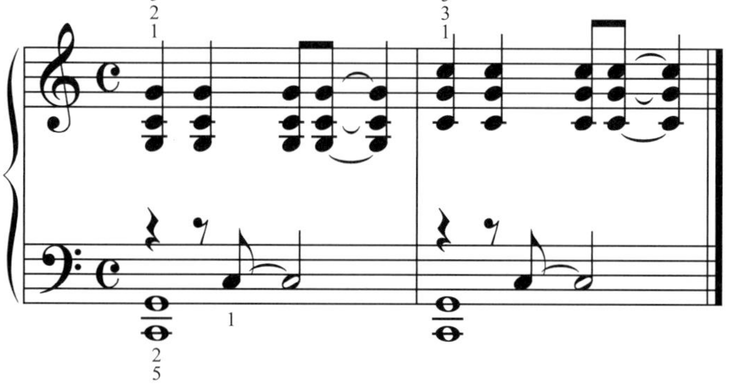

13b

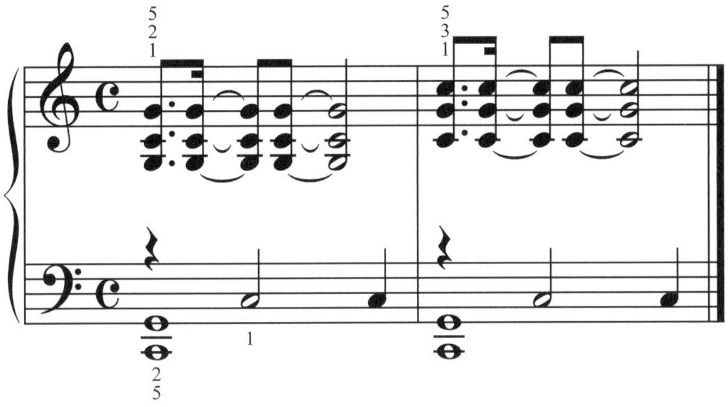

13c

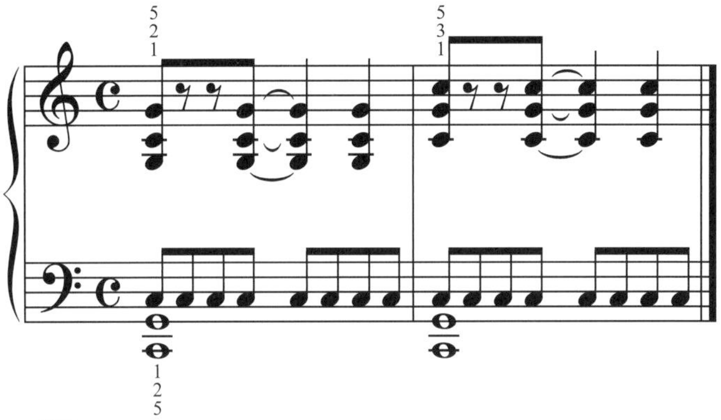

13d

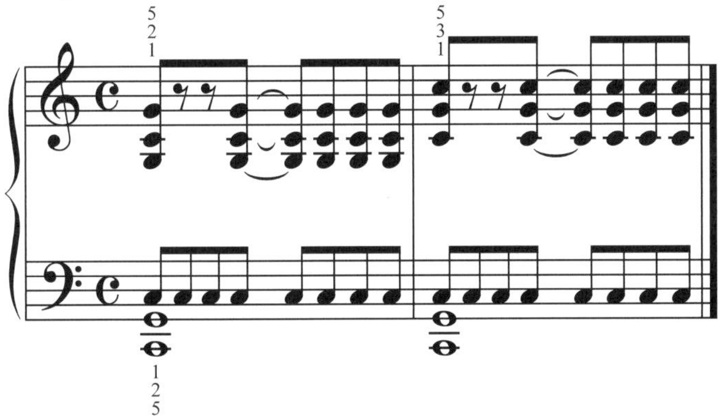

13e

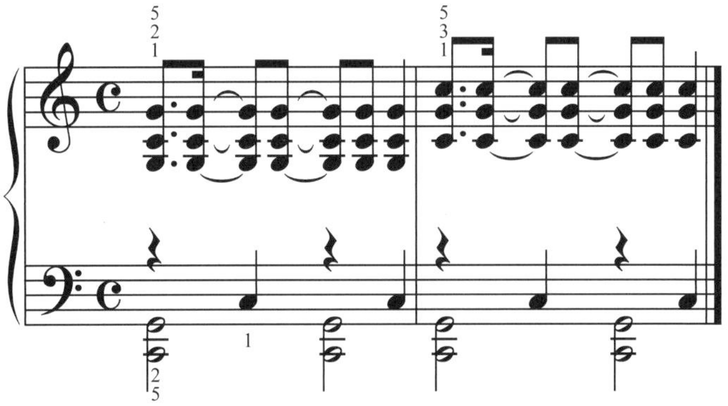

Kadenzbeispiele mit Akkorden ohne Terz

14a

14b

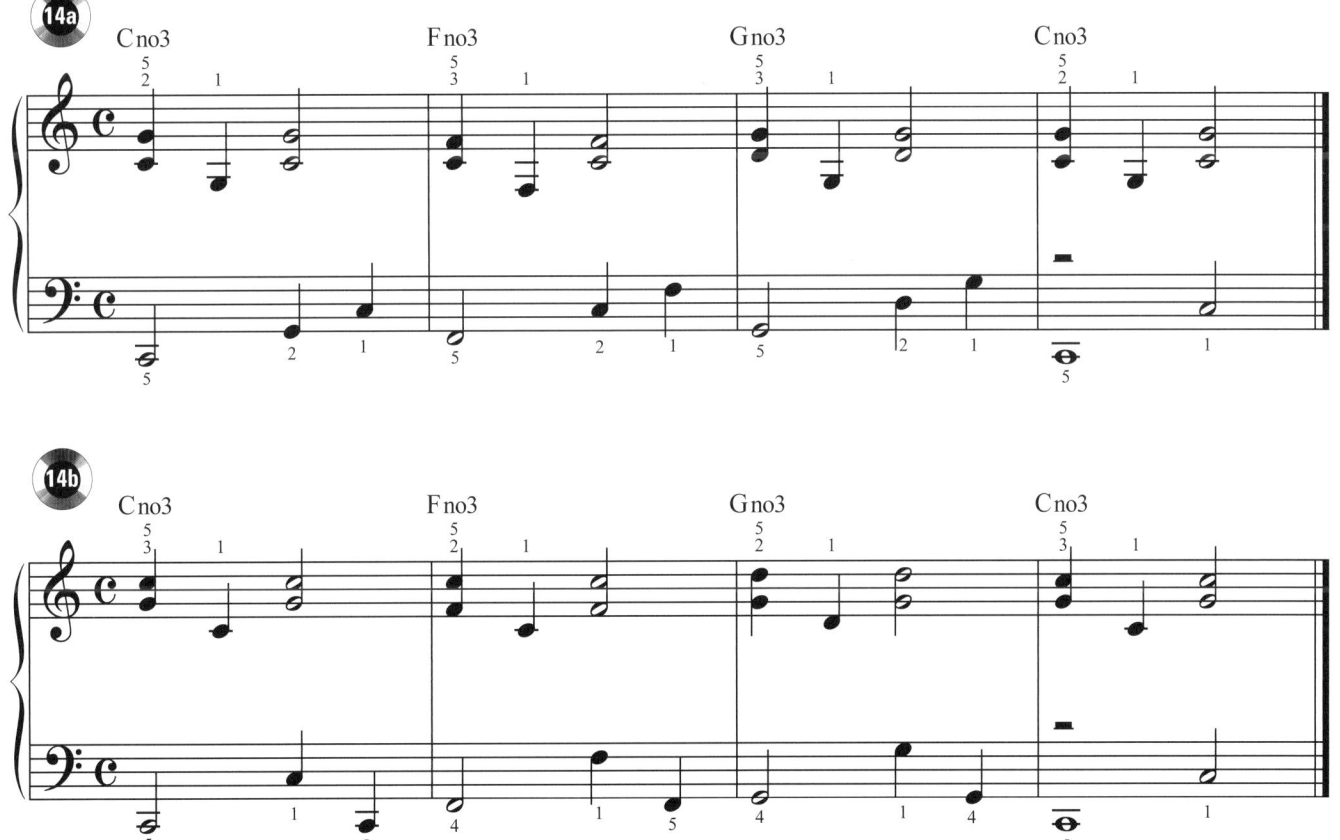

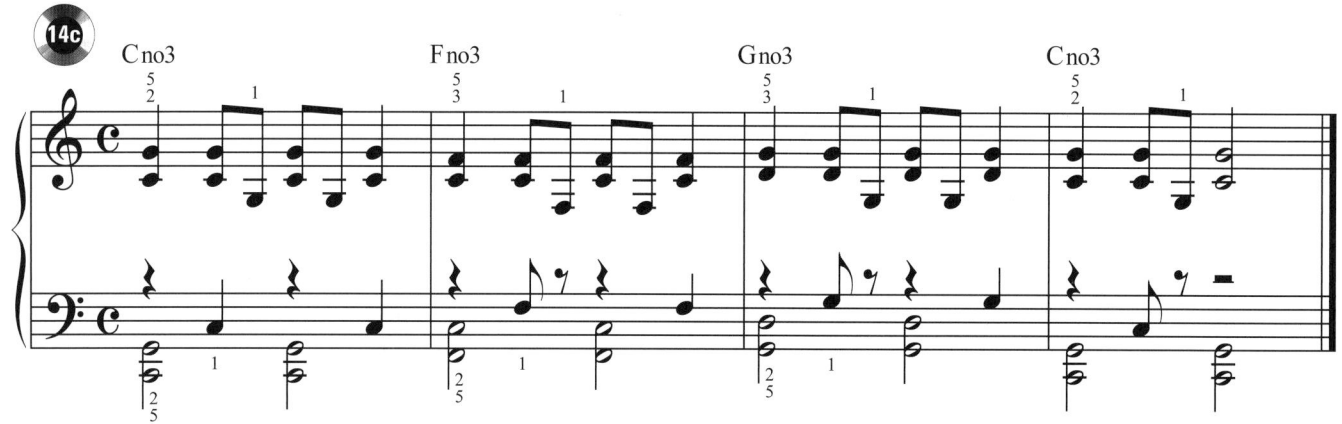

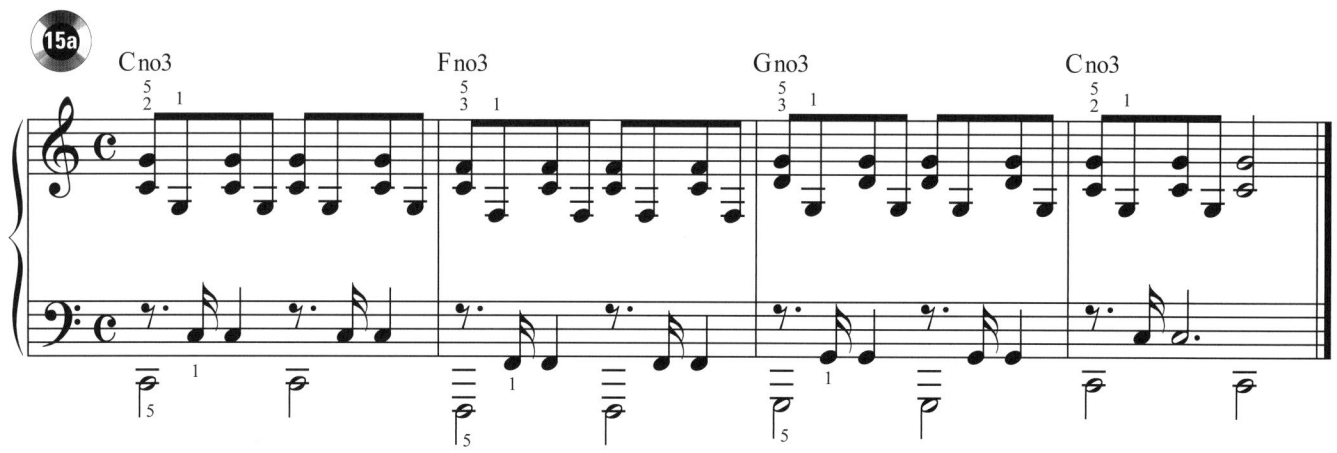

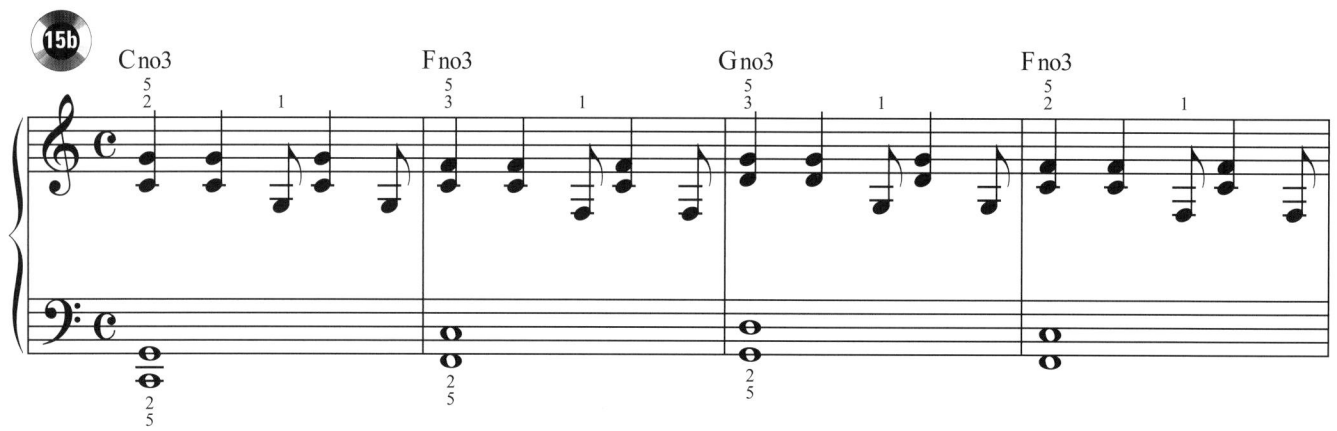

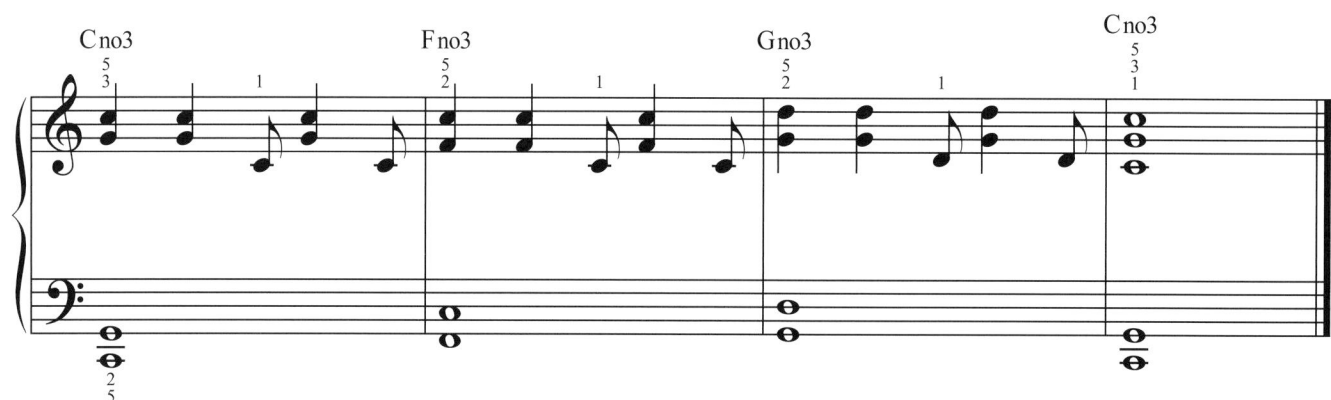

20

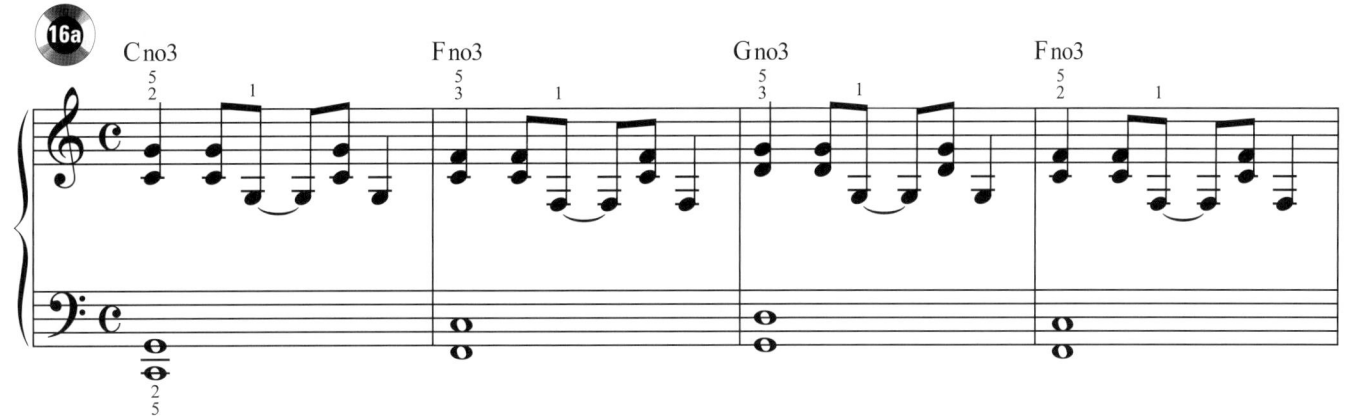

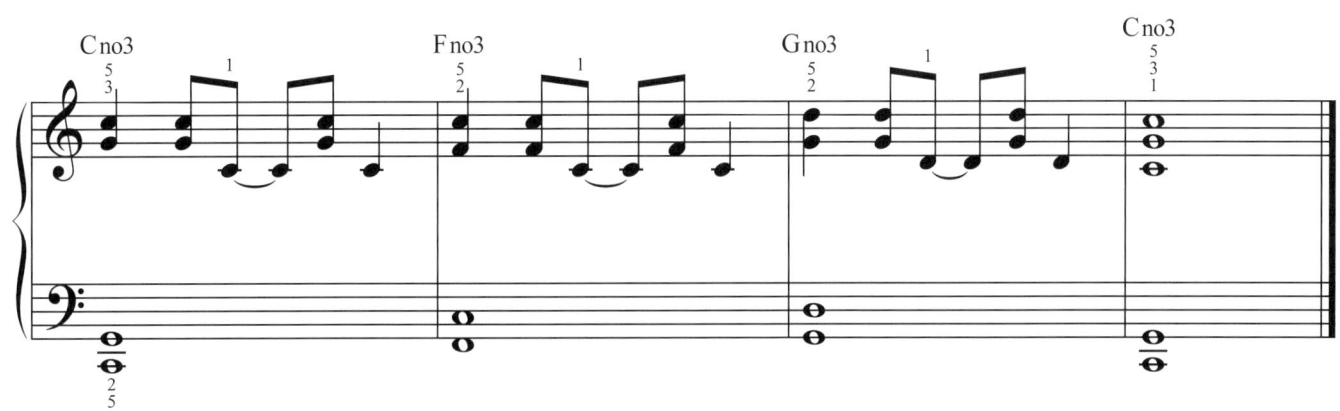

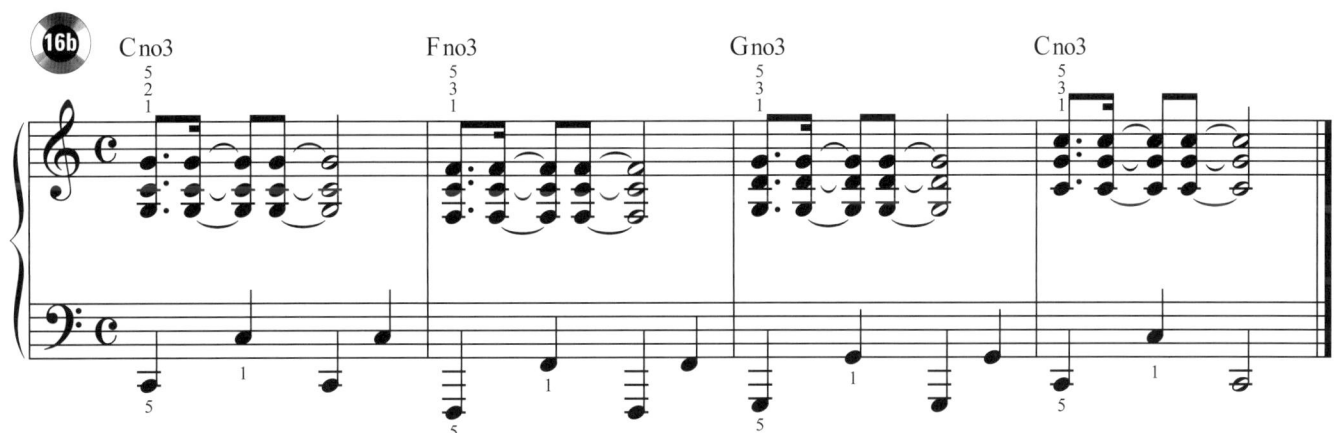

17 Oh My Darling

Begleitung mit Akkordumkehrungen ohne Terz

Traditional
Arr.: Michael Gundlach

Oh When The Saints

Begleitung mit Akkordumkehrungen ohne Terz - Rockversion

Traditional
Arr.: Michael Gundlach

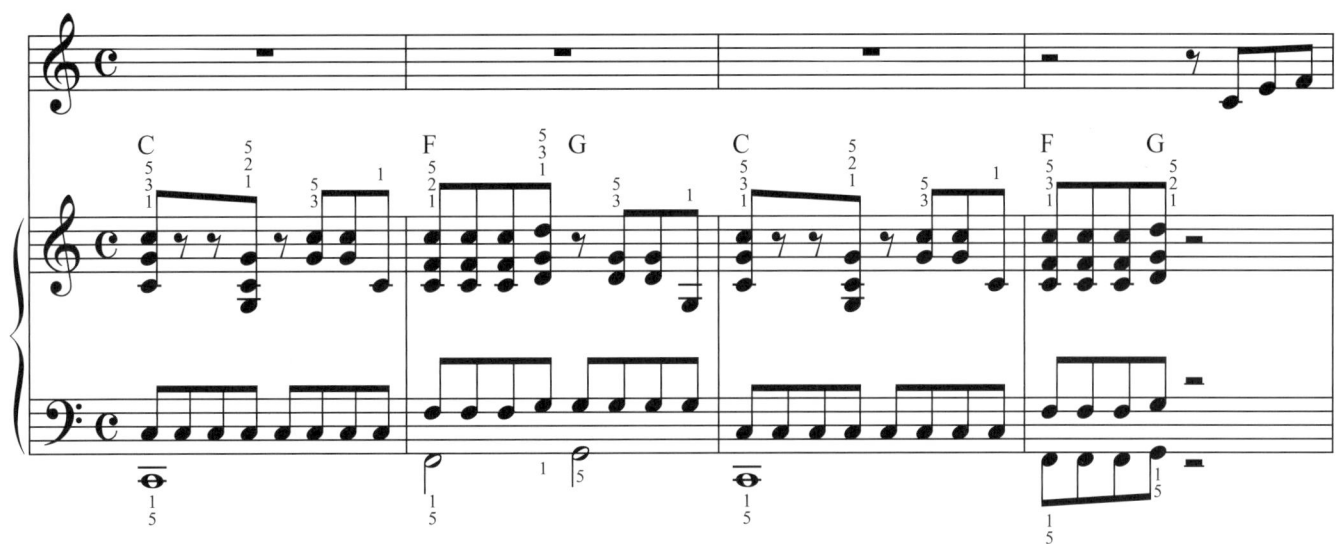

3. Akkorde ohne Terz / mit None

Wird die Terz eines Akkords durch die Sekunde bzw. None ersetzt (Sekunde und None entsprechen ein und demselben Ton, der sich nur durch die Oktavlage unterscheidet), entsteht ein romantisches Klangbild, das typisch für langsame Songs und Balladen ist. Auch bei dieser Variation bleibt offen, ob es sich um einen Dur oder Moll Akkord handelt.

Übungen mit Akkorden ohne Terz / mit None

19a

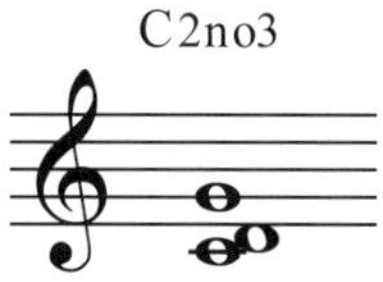

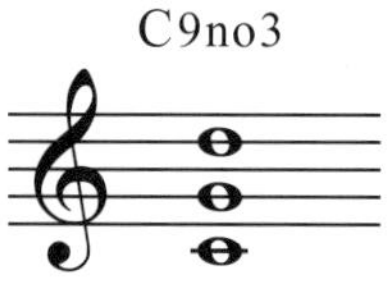

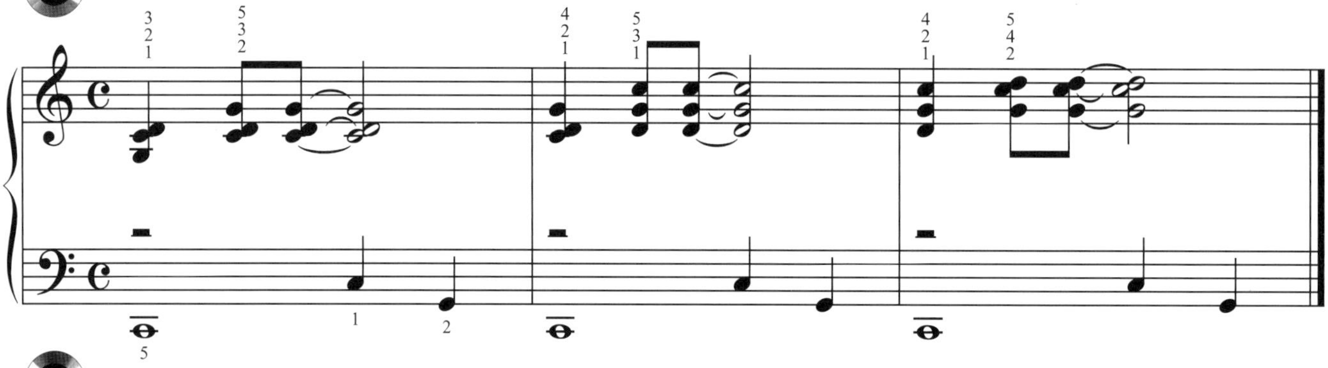

19b

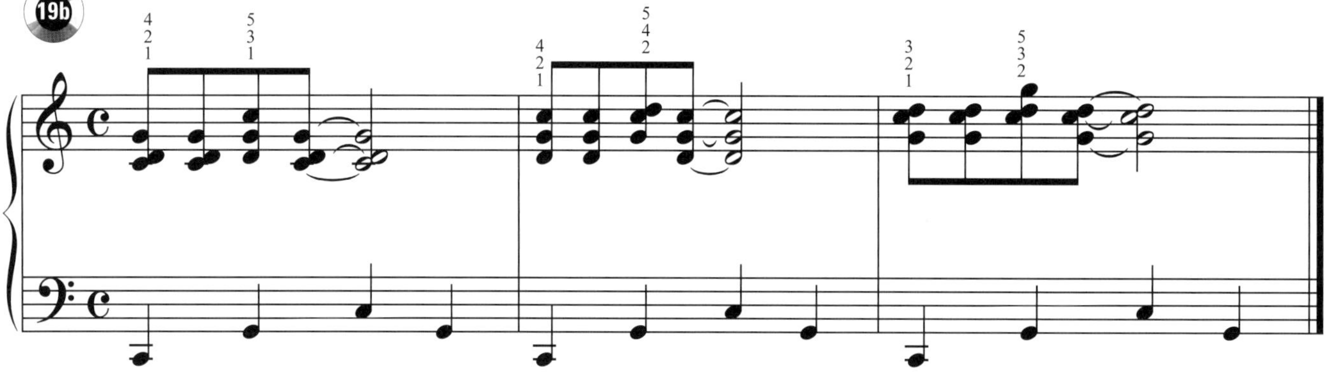

19c

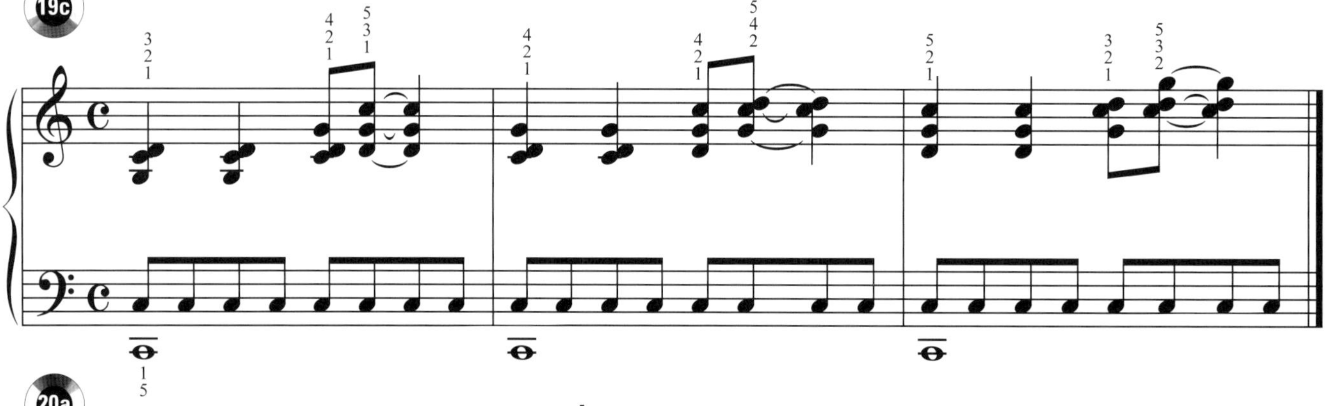

20a

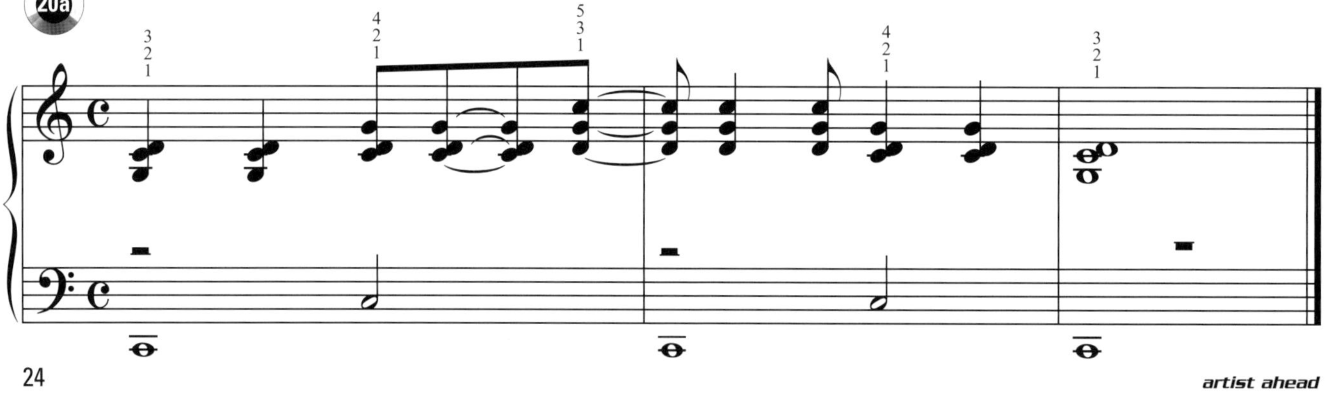

20b

Akkorde ohne Terz / mit None - Kadenzbeispiele

21a

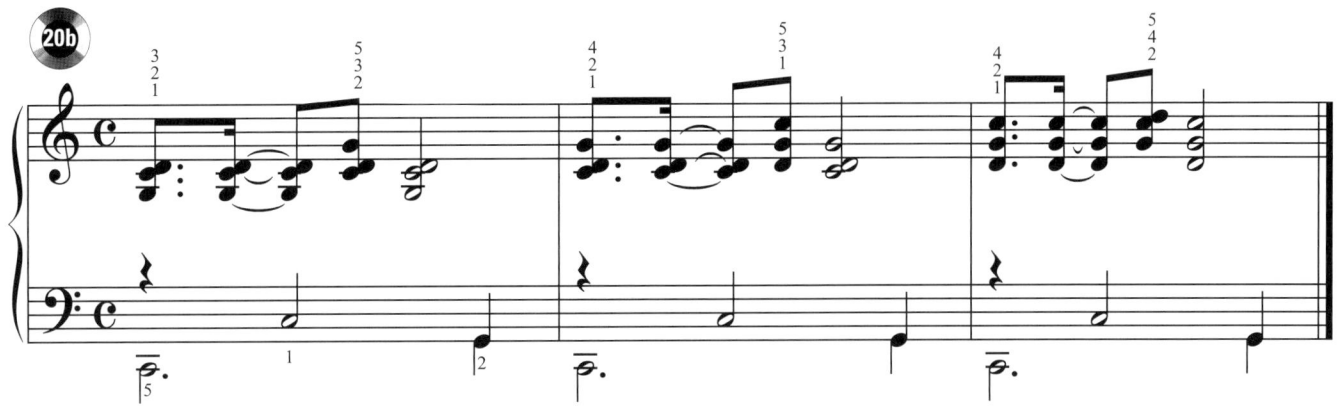

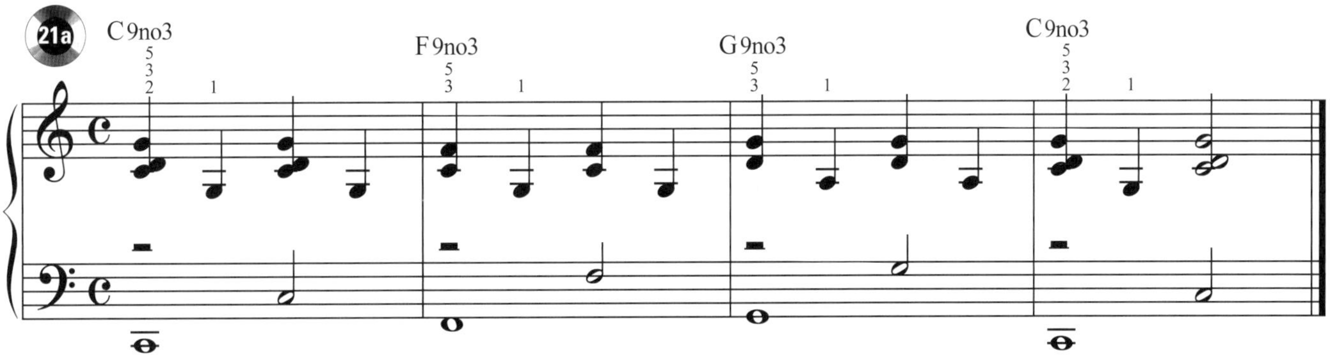

21b

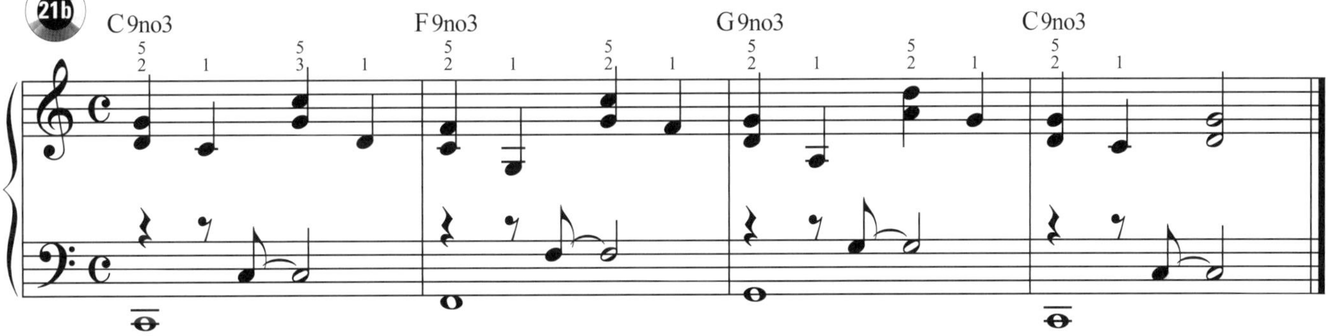

22a

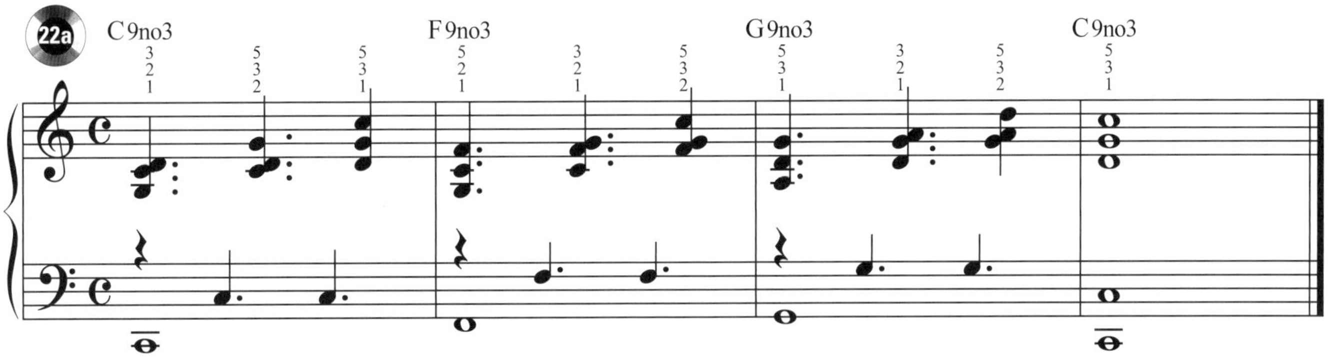

22b

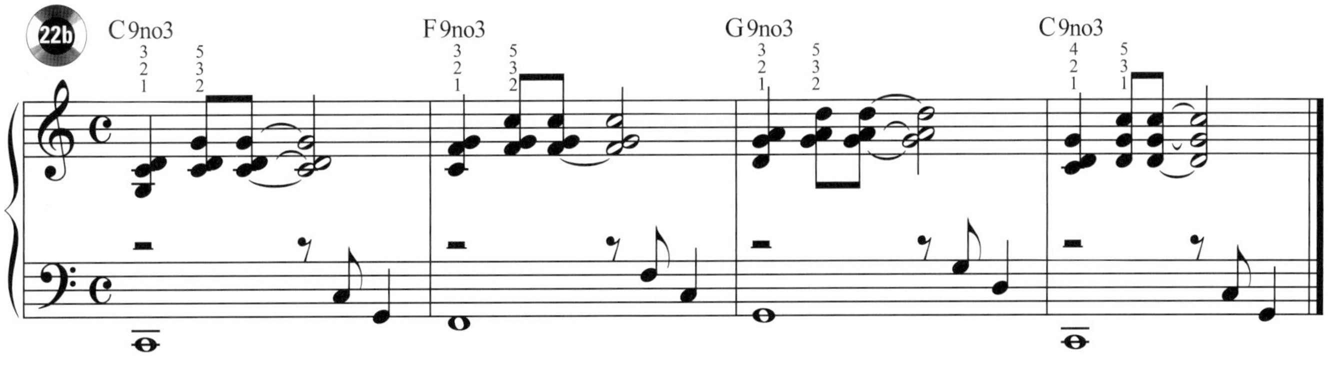

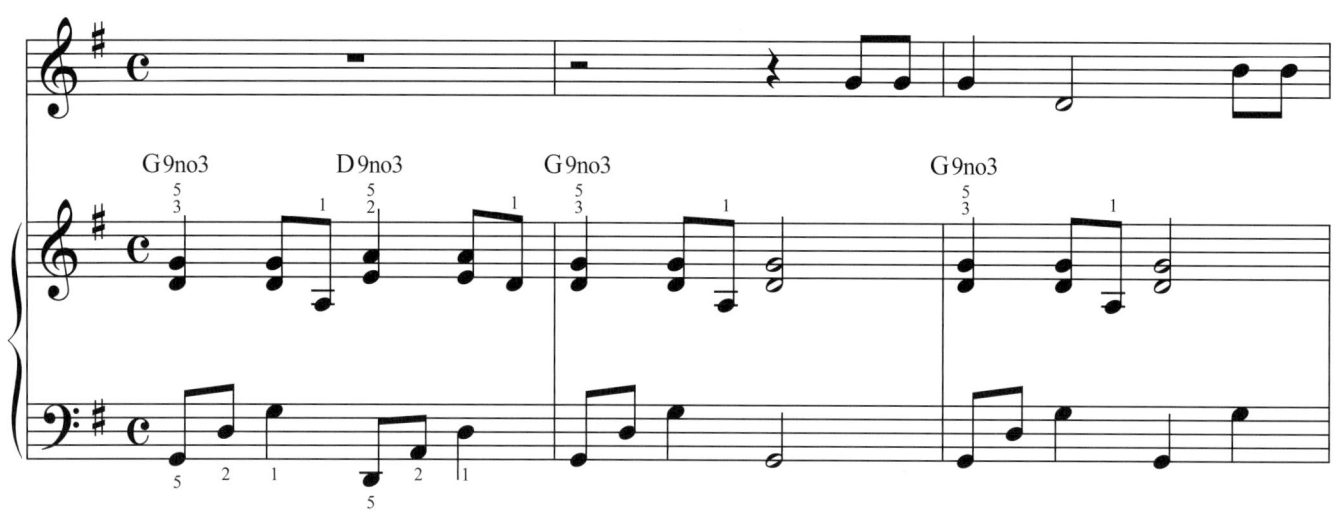

Oh My Darling

Begleitung mit Akkorden ohne Terz / mit None

Traditional
Arr.: Michael Gundlach

Oh When The Saints

Begleitung mit Akkorden ohne Terz / mit None

Traditional
Arr.: Michael Gundlach

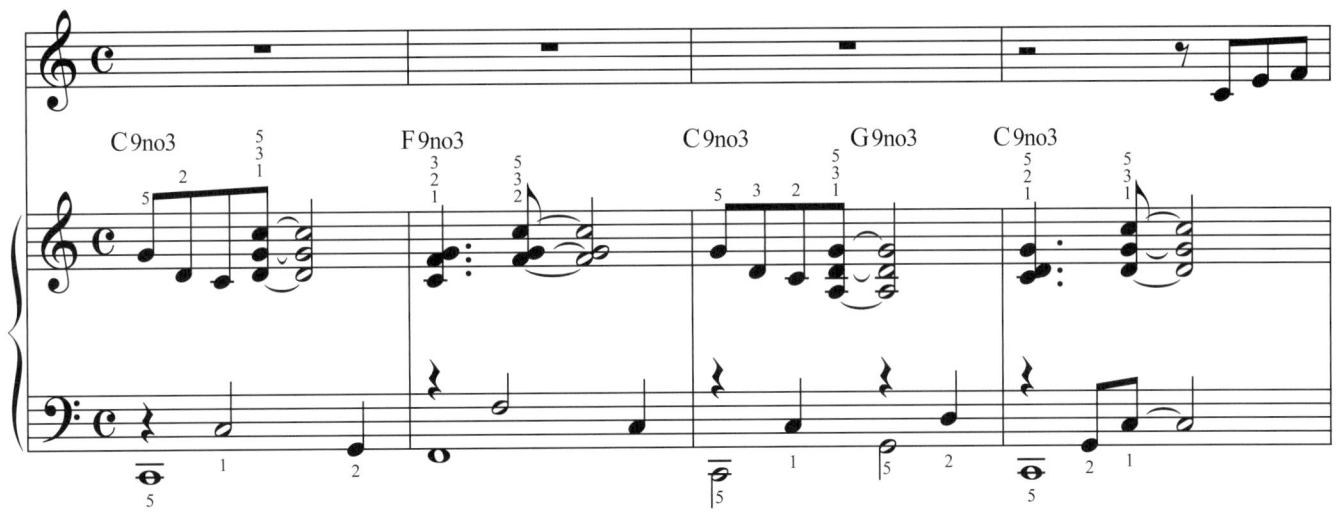

4. Akkorde im Variieren der Terz mit der Quarte

Eine in der Popmusik beliebte Klangvariation entsteht durch das Wechselspiel von Terz und Quarte des Akkords. Diese Möglichkeit sollte jedoch sehr gewählt und dezent zum Einsatz kommen. Wird in der Melodielinie beispielsweise die Terz gespielt, könnte eine unangenehme Reibung mit der Quarte entstehen. Obwohl ein einfaches Dur- oder Moll-Akkordsymbol keine Quarte ausweist, kann diese dennoch mit der Terz variiert werden.

Übungen mit der Terz/Quarte-Variation

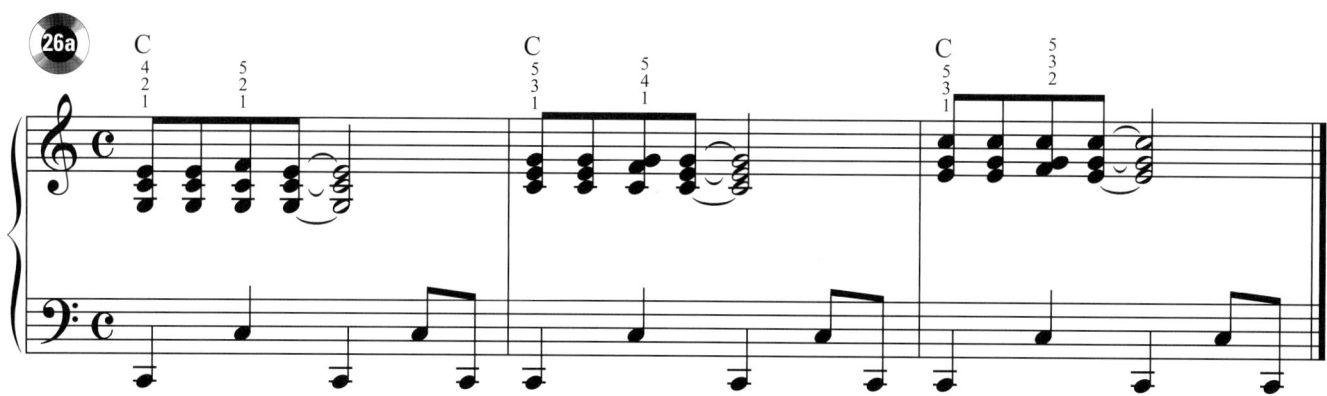

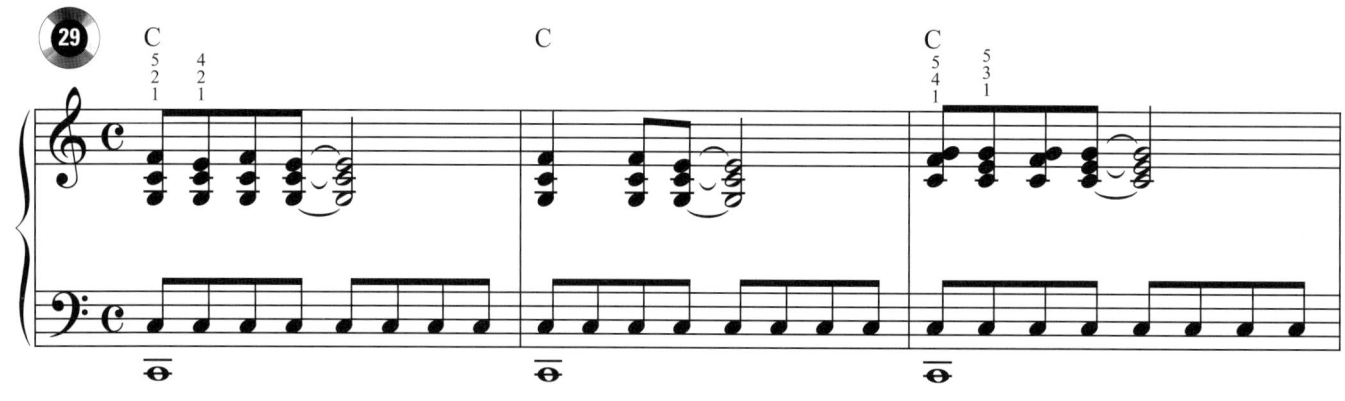

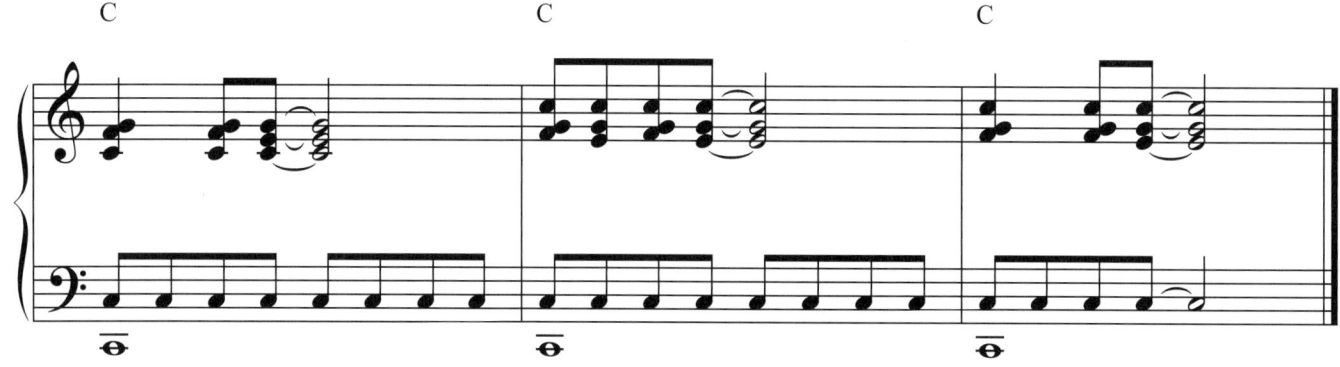

Kadenzbeispiele mit der Terz/Quarte-Variation

Oh My Darling
Begleitung mit der Terz/Quarte Variation

Traditional
Arr.: Michael Gundlach

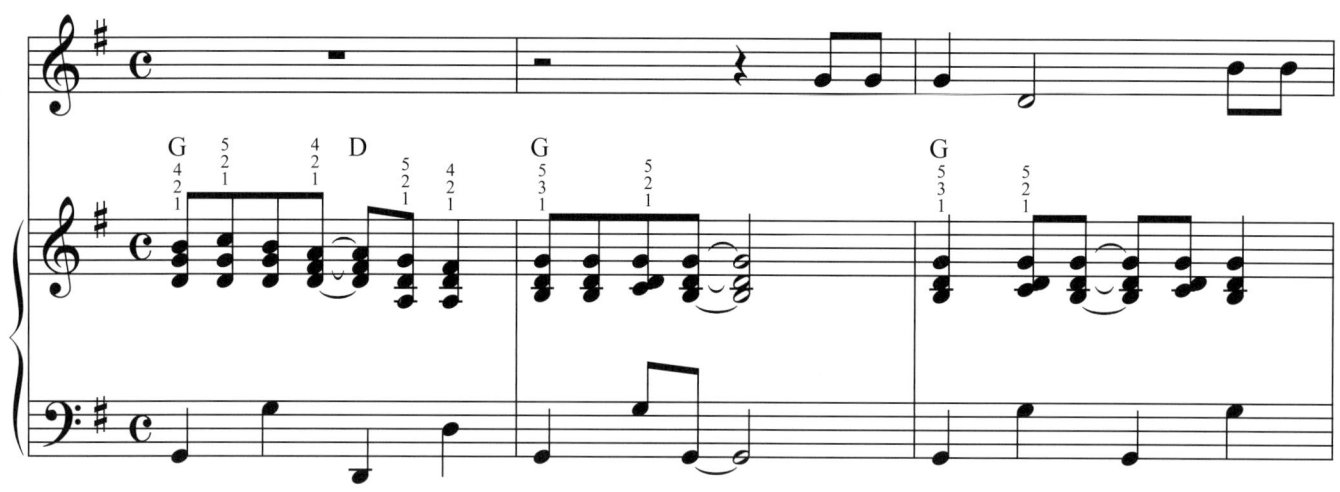

Oh When The Saints
Begleitung mit der Terz/Quarte Variation

Traditional
Arr.: Michael Gundlach

5. Akkordaufsplittung

Bei der Akkordaufsplittung wird ein Akkord in seine Einzeltöne zerlegt. Die einzelnen Noten werden dann nicht alle gleichzeitig angeschlagen, sondern rhythmisch aufgeteilt. So entstehen eine Vielzahl neuer Variationsmöglichkeiten. Im folgenden beschränken wir uns auf eine Variante, die besonders effektvoll bei ruhigen Songs zur Geltung kommt.

Übungen mit Akkordaufsplittungen

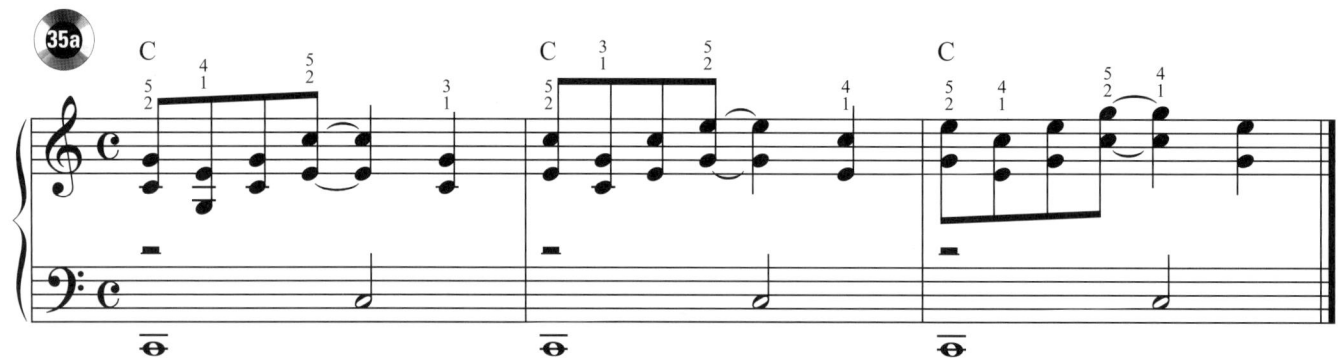

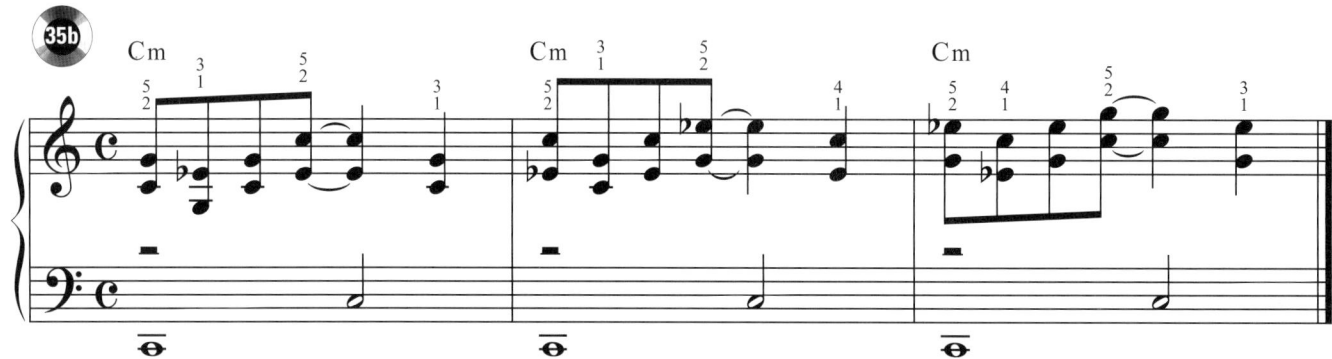

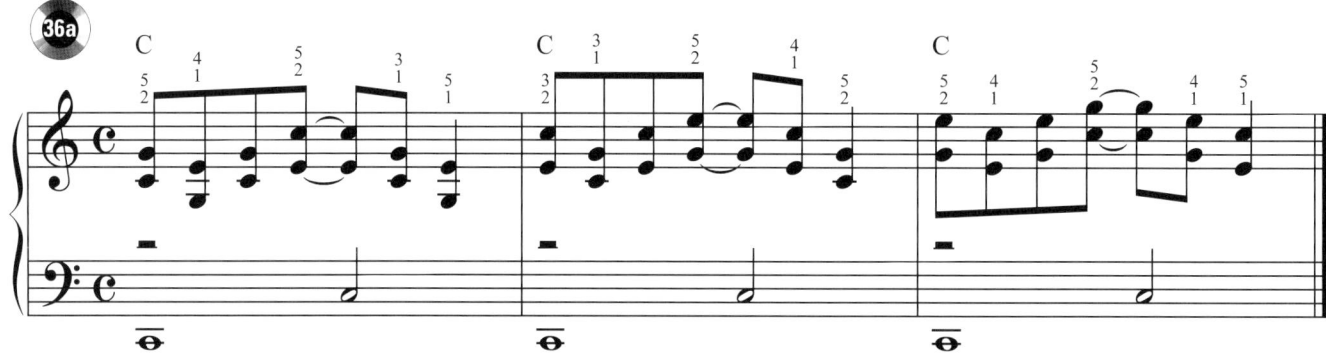

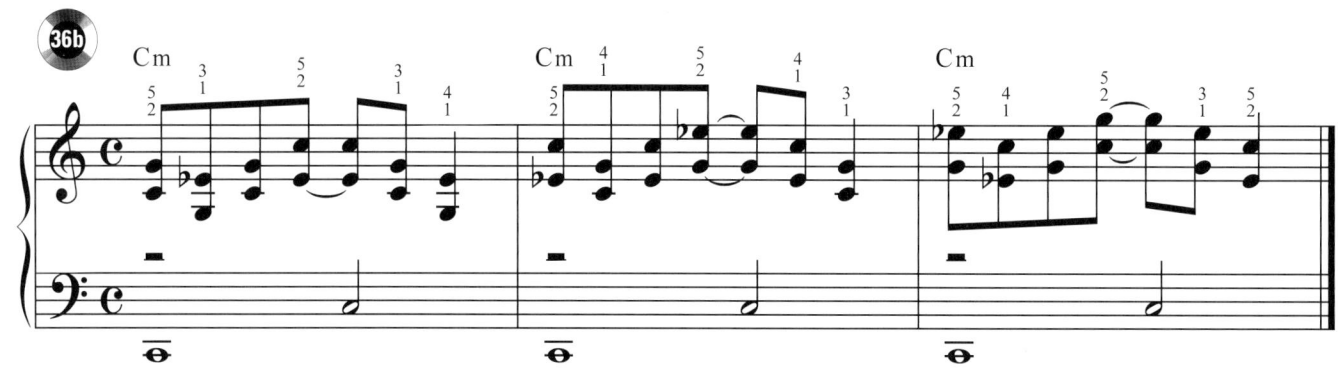

Die Akkordaufsplittung anhand der Kadenz

Oh My Darling
Begleitung mit Akkordaufsplittung

Traditional
Arr.: Michael Gundlach

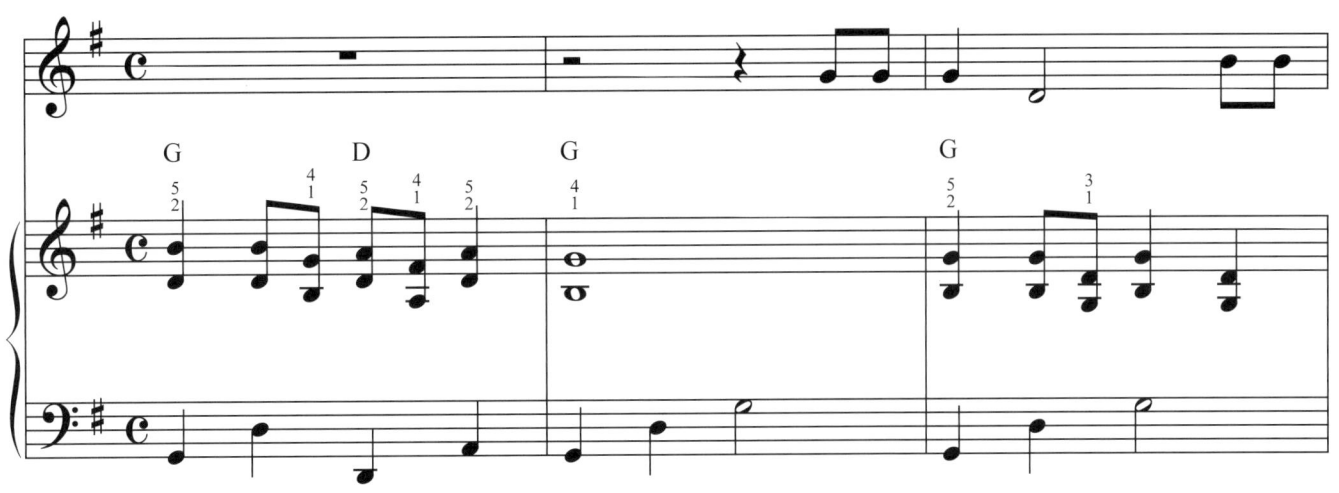

Sloop John B.

Leadsheet

Traditional
Arr.: Michael Gundlach

Sloop John B.

Begleitung mit der Akkordaufsplittung

Traditional
Arr.: Michael Gundlach

6. Durchgangsakkorde

Eine etwas anspruchsvollere Möglichkeit, mit der das Spiel der rechten Hand sehr interessant und abwechslungsreich gestaltet werden kann, ist die Verwendung von sogenannten Durchgangsakkorden. Dabei wird der eigentliche Akkord mit einem anderen variiert. Eine einfache Regel einen geeigneten Durchgangsakkord zu finden, zeigen wir Ihnen anhand von zwei Beispielen:

Ein Dur Akkord wird mit einem Moll Akkord variiert, der einen Ganzton über dem eigentlichen Akkord liegt. Beispiel: C-Dur variiert mit D-Moll. Der Grundton „C" wird in der linken Hand beibehalten.

Bei Moll ist es genau umgekehrt. Es wird ein Dur-Akkord gespielt, der einen Ganzton darunter liegt. Beispiel: D-Moll variiert mit C-Dur. Der Grundton „D" wird in der linken Hand beibehalten.

Die Verwendung von Durchgangsakkorden eignet sich hervorragend bei Solopiano-Bearbeitungen, da so die Melodielinie besser oder stärker zur Geltung kommt (siehe Songbeispiel „Sloop John B." am Ende dieses Kapitels).

Übungen mit Durchgangsakkorden in C-Dur

Grundübung 1

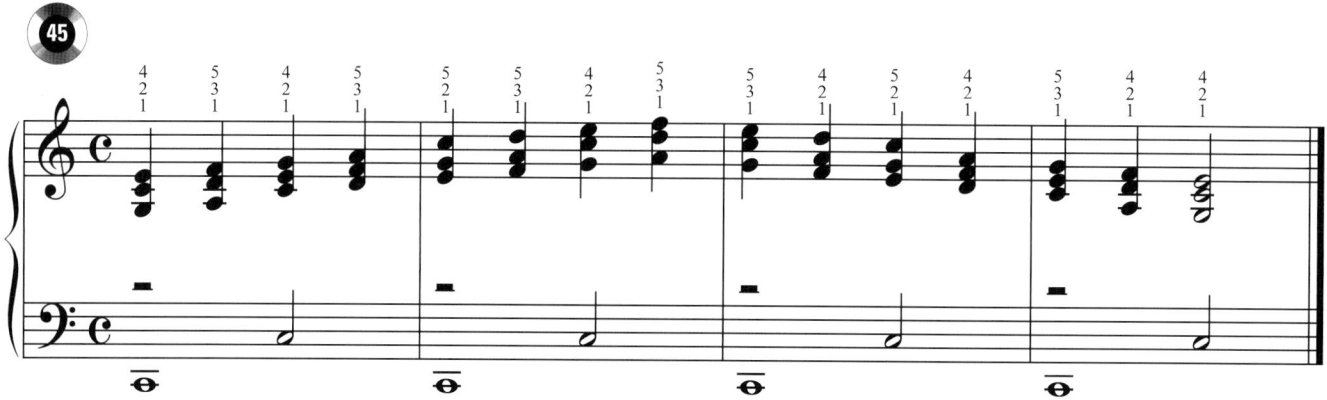

Grundübung 2

48b

48c

49a

49b

49c

49d

50

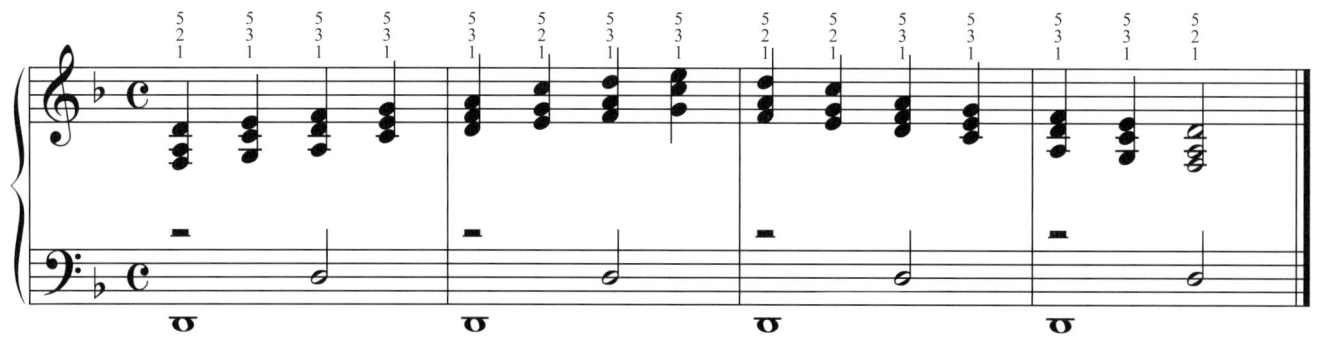

Übungen mit Durchgangsakkorden in D-Moll

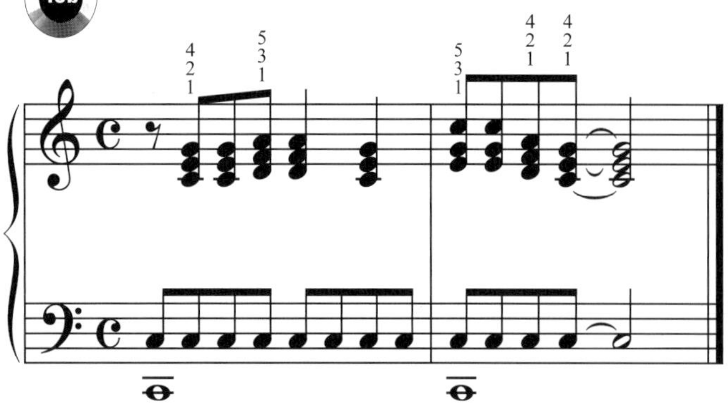

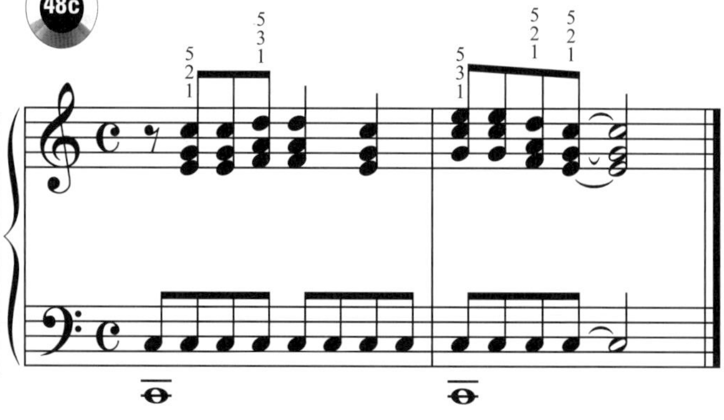

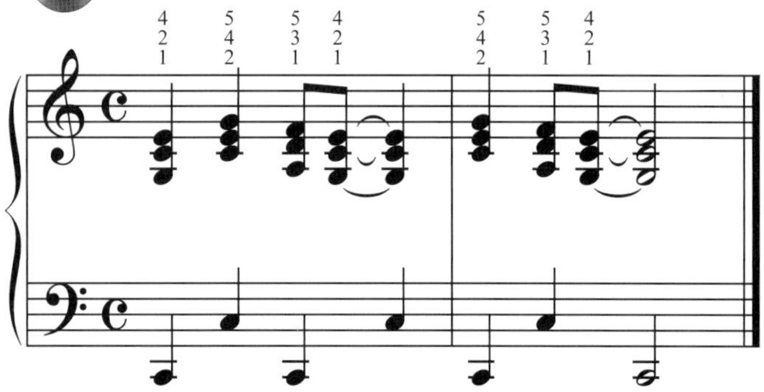

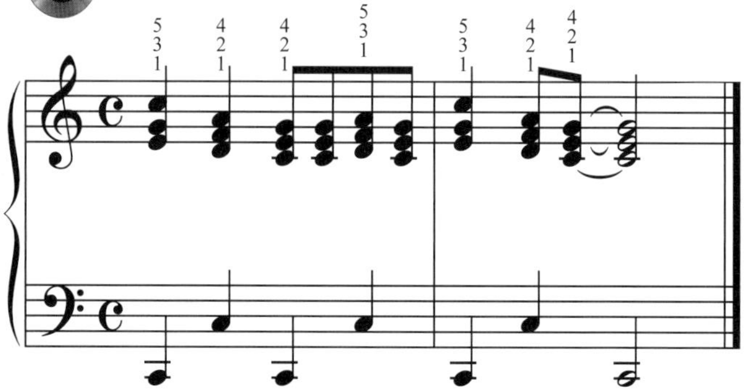

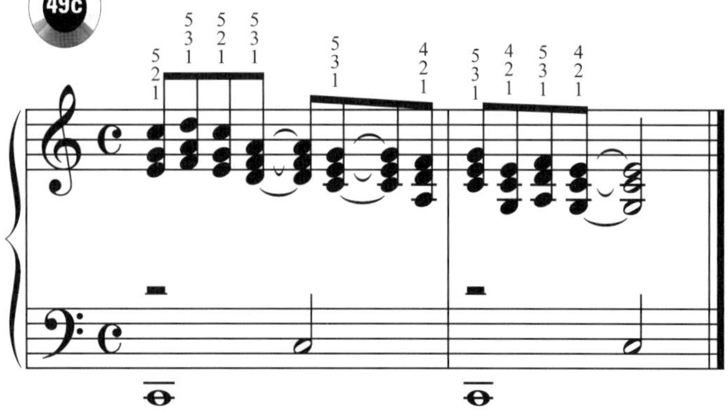

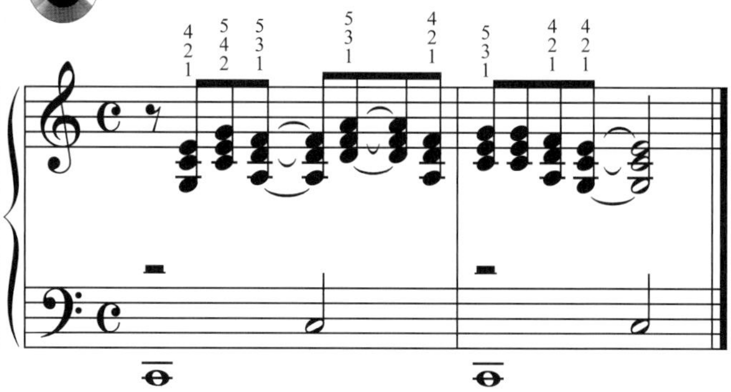

Grundübung 1

Grundübung 2

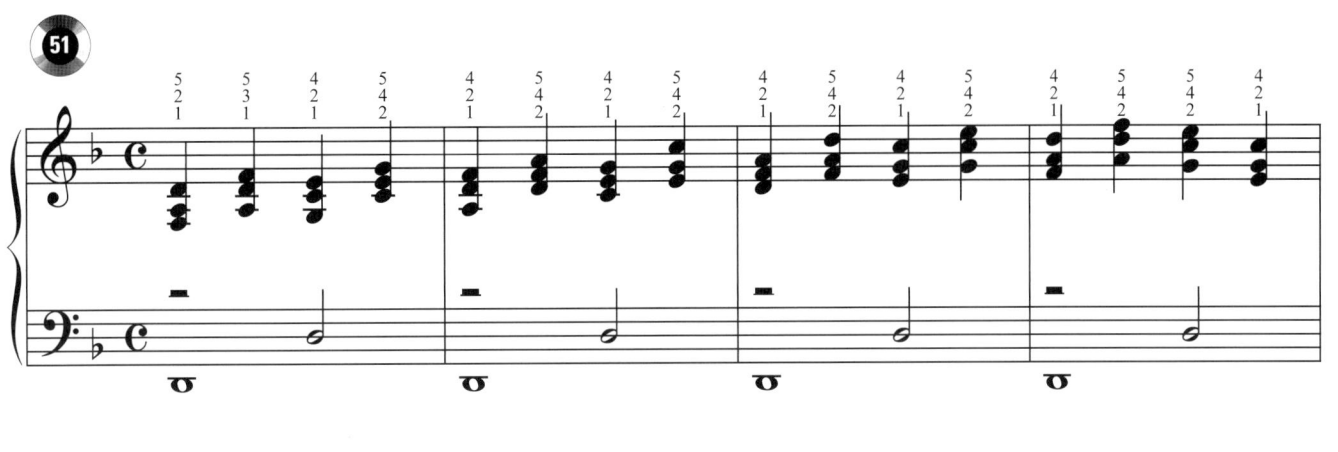

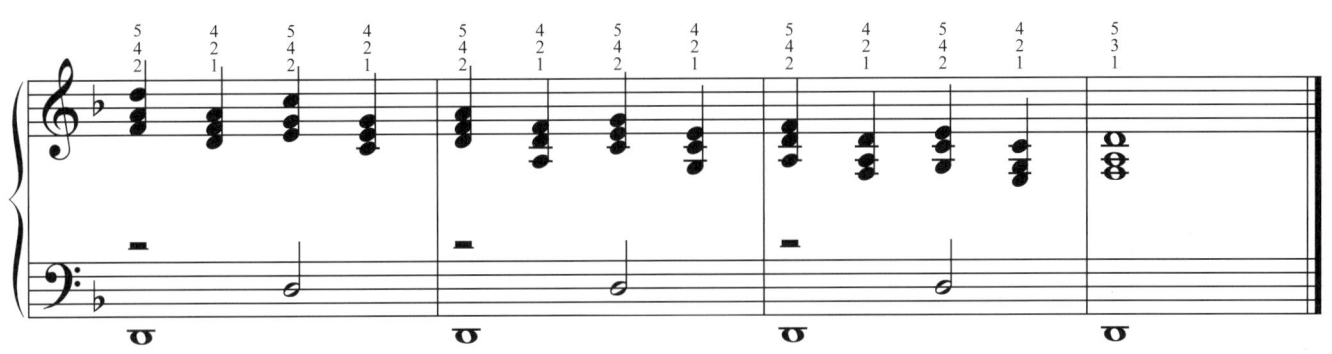

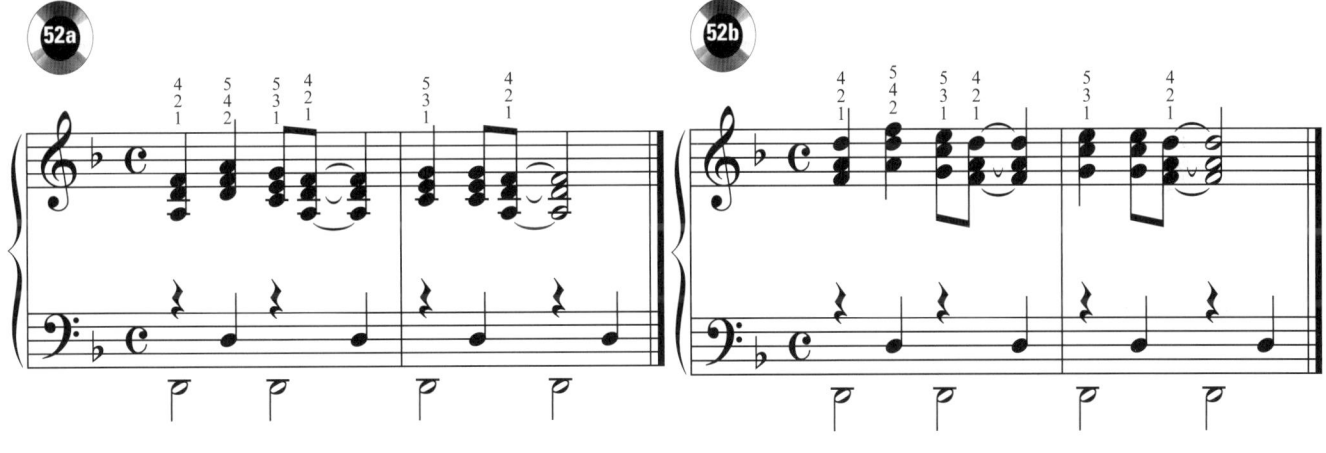

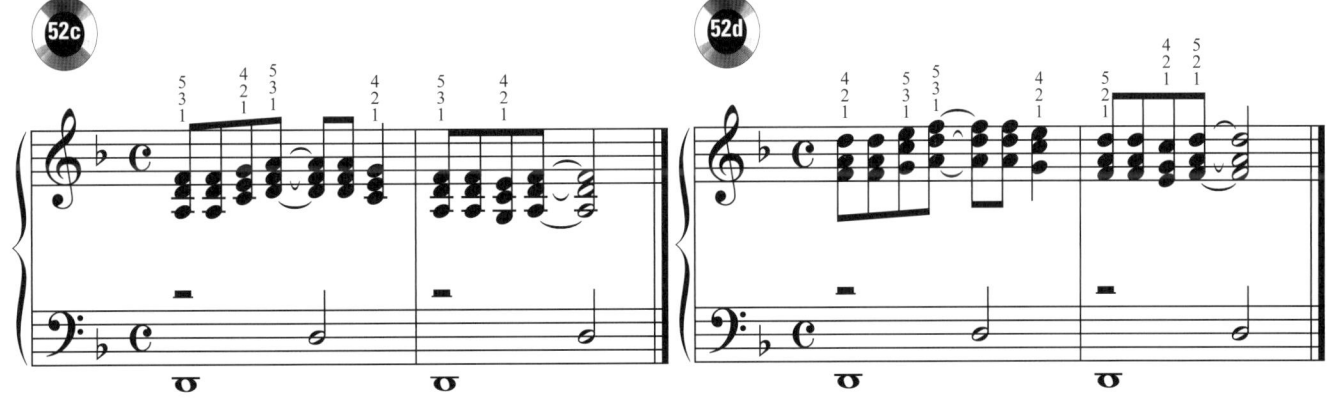

Dur-Kadenz mit Durchgangsakkorden

Moll-Kadenz mit Durchgangsakkorden

Oh My Darling
Begleitung mit Durchgangsakkorden

Traditional
Arr.: Michael Gundlach

Sloop John B.
Solopiano mit Durchgangsakkorden

Traditional
Arr.: Michael Gundlach

Stilübergreifende Bassfiguren

Obwohl bereits in den vorangegangenen Notenbeispielen verschiedene Basslinien vorgestellt wurden, wollen wir uns in den nächsten zwei Kapiteln hauptsächlich auf stilübergreifende Variationen der linken Hand konzentrieren. Dabei wird der Schwierigkeitsgrad von Übung zu Übung langsam gesteigert. Da die Bassfiguren die erste Grundregel befolgen, und ausschließlich aus Grundtönen und Quinten bestehen, kann man sowohl Moll als auch Dur Akkorde mit der rechten Hand dazu spielen.

Nachdem Sie die Beispiele mit Ihrer linken Hand solo eingeübt haben, versuchen Sie doch einmal selbstständig passende Rhythmikvariationen mit Ihrer rechten Hand zu finden. Spielen Sie dabei nach Wunsch C-Dur oder C-Moll.

(Im Kapitel „Stile der Popmusik" werden Sie weitere stilbezogene Bassfiguren kennenlernen)

artist ahead

13.

14.

15.

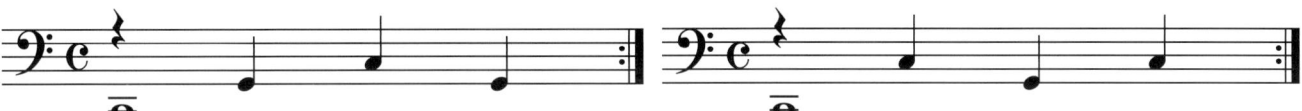

16.

17.

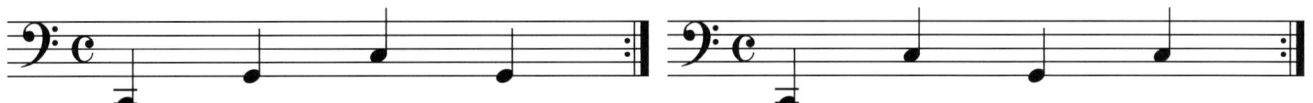

18.

19.

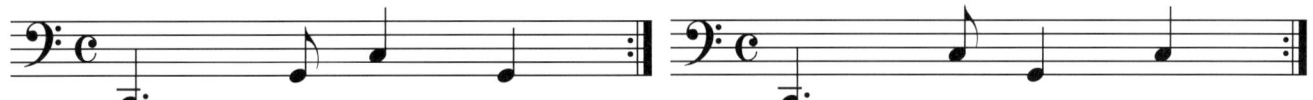

20.

21.

22.

23.

24.

25.

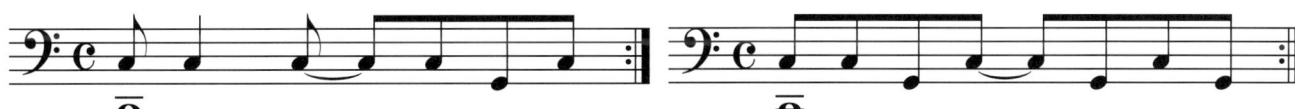

26.

27.

28.

Als Anregung finden Sie hier alle vorangegangenen Bassläufe mit je einer rhythmischen Variation des C-Dur Akkords für die rechte Hand ausgearbeitet. Anstatt C-Dur können Sie auch C-Moll spielen. Außerdem sollten Sie beim Üben auch die Vorschläge miteinander kombinieren (also beispielsweise die rechte Hand der Übung 13 zusammen mit der Bassfigur der 25sten Übung spielen, usw.). Dadurch werden Sie zum Entwickeln eigener rhythmischer Begleitmuster inspiriert.

Bassfiguren komplettiert mit rechter Hand

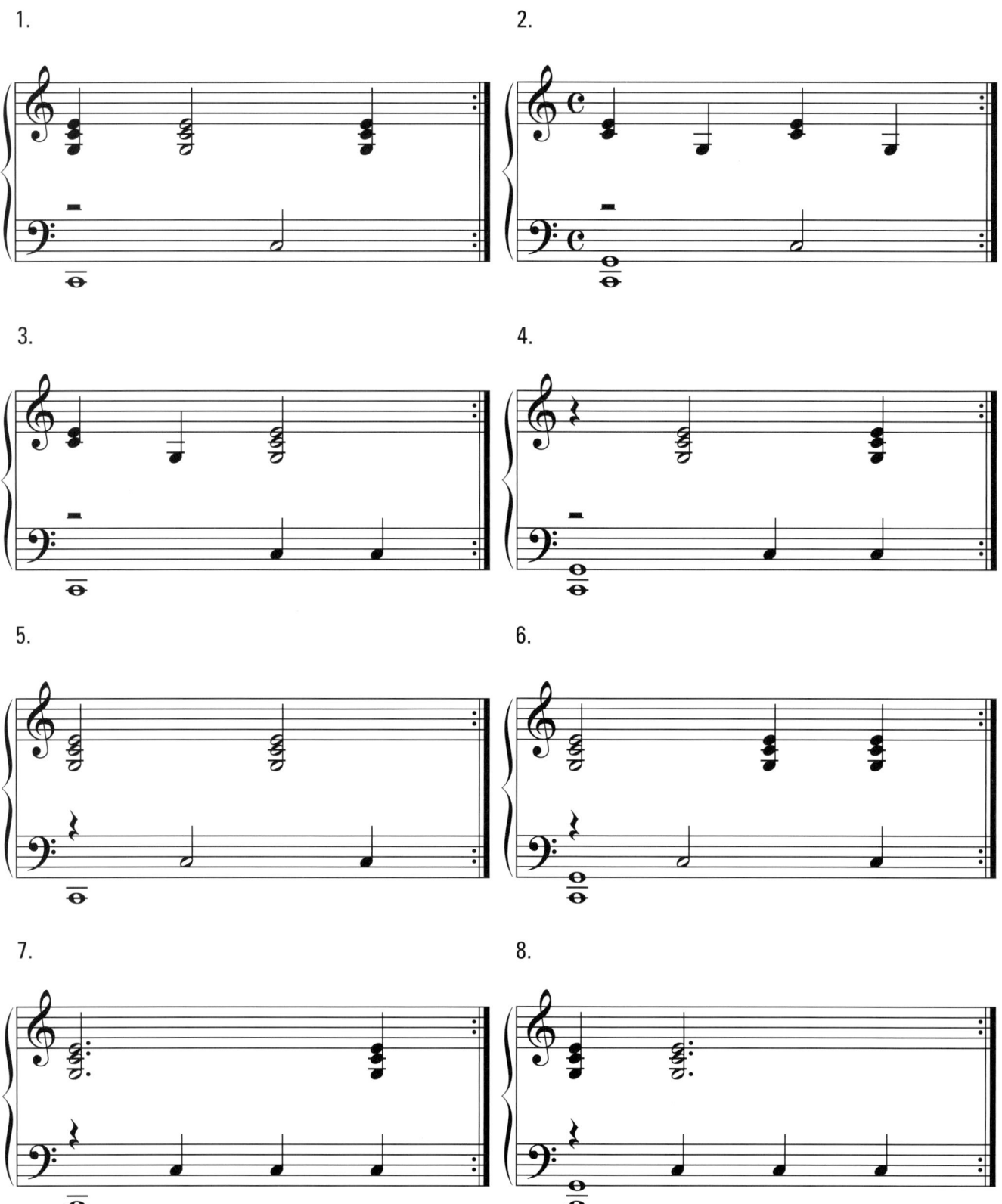

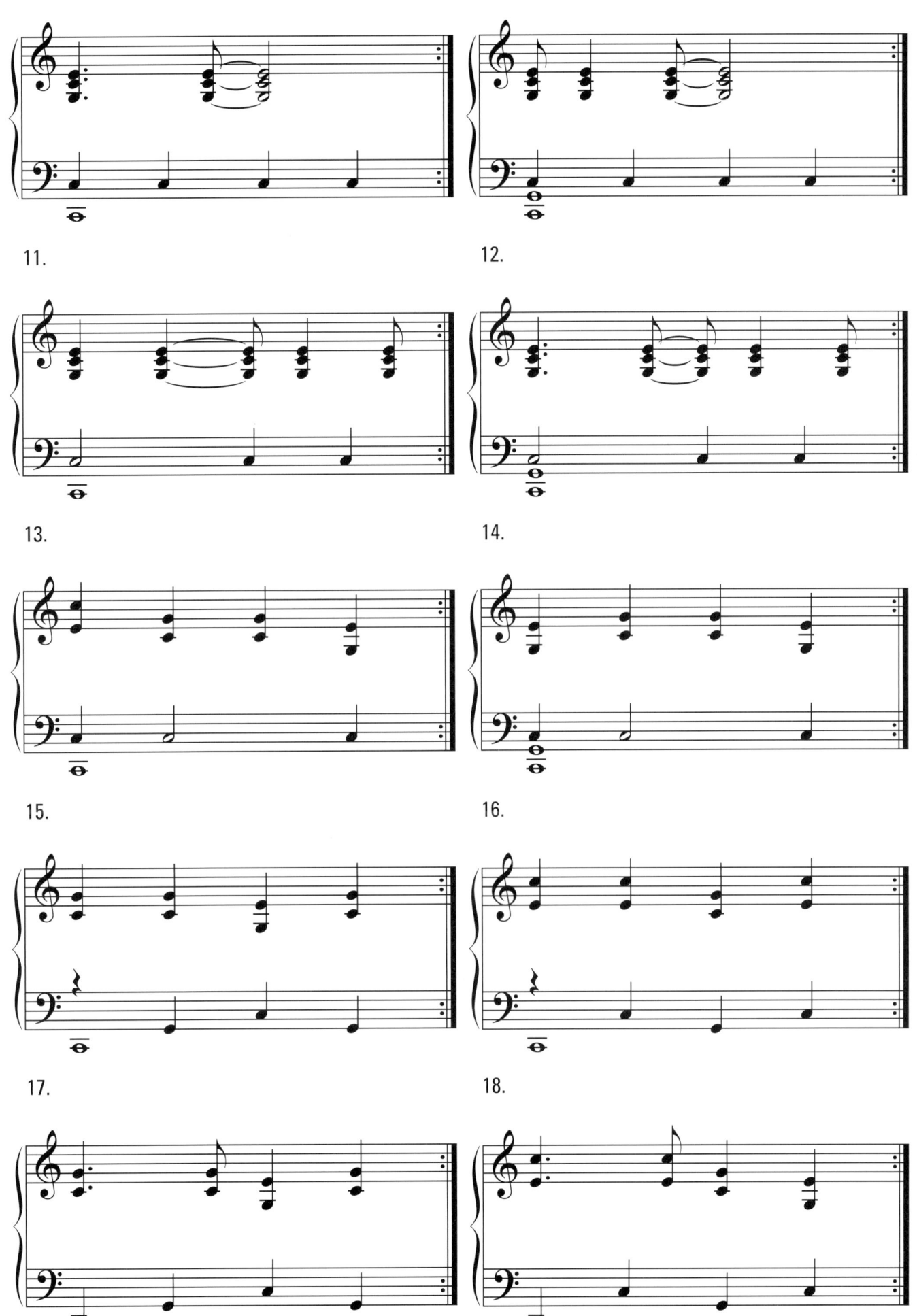

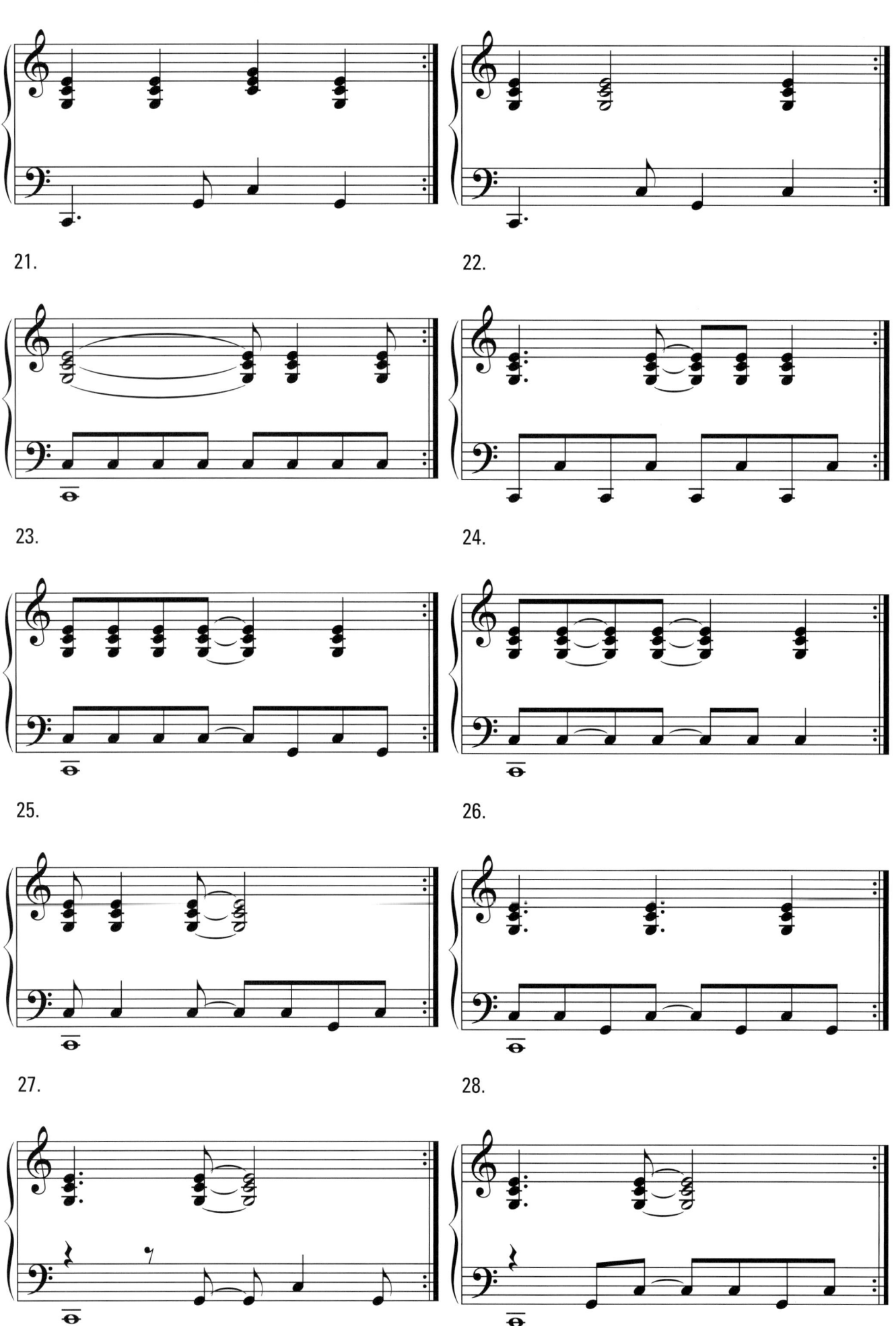

Intros, Endings, Überleitungen und Zwischenspiele

Intros

Ein Intro ist ein kurzes Vorspiel, welches das eigentliche Musikstück einleitet. Dies klingt nicht nur schön, sondern hilft beispielsweise dem Sänger, sich auf die Tonart des Songs einzustellen. Es sollte darauf geachtet werden, dass ein Intro 2, 4 oder 8 Takte lang ist, und in der Regel nicht aus ungeraden Taktzahlen besteht.

Abgeleitete Intros

Eine Einleitung kann man oft aus dem Song selbst ableiten. Bei folgendem Beispiel wurde das Intro aus dem Anfang des Gospelsongs „Oh When The Saints" gewonnen.

 Oh When The Saints - Intro 1

Hier ein Vorspiel, das aus dem Ende von „Oh When The Saints" entstanden ist:

 Oh When The Saints - Intro 2

Freie Intros

Im Folgenden werden Ihnen 6 typische Harmoniefolgen der Popmusik vorgestellt, die sich nicht nur als Einleitung bestens eigenen, sondern auch als Zwischenspiele verwendet werden können, um wieder zum Anfang eines Liedes zu gelangen (siehe auch Kapitel „Überleitungen und Zwischenspiele"). Alle Beispiele stehen in der Tonart C-Dur. Lernen Sie diese Harmoniefolgen auswendig, damit Sie bei Bedarf darauf zurückgreifen können, und versuchen Sie eigene Begleitmuster zu den Harmonien zu entwickeln.

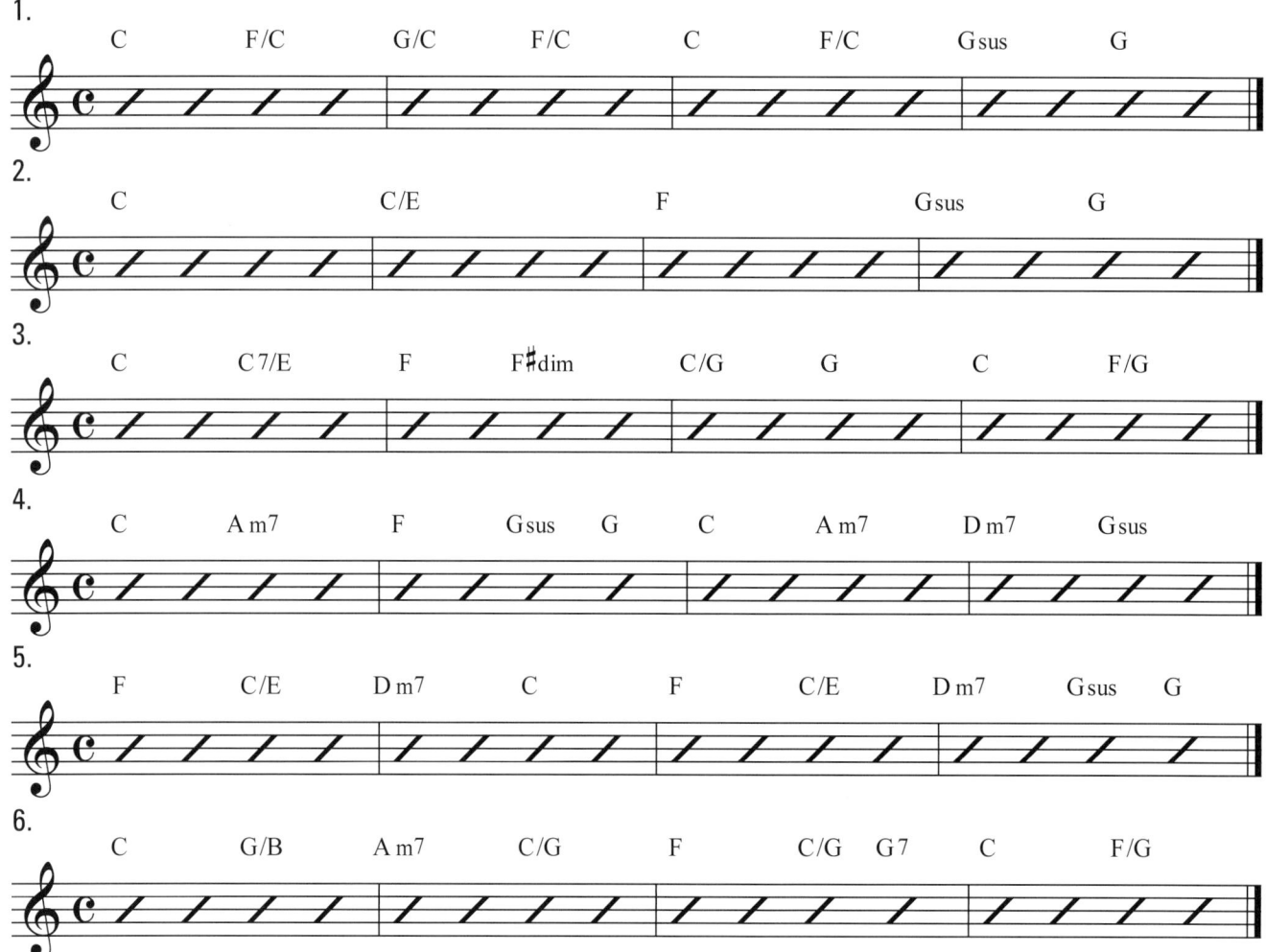

Die nachstehend ausnotierten Beispiele geben einen Eindruck, wie diese Harmoniefolgen in der Praxis eingesetzt werden können. Viele der typischen Intros können im Grunde stilübergreifend verwendet werden. Die Stilbezeichnungen der einzelnen Beispiele sind nur als eine von mehreren Möglichkeiten zu verstehen. So kann beispielsweise allein durch Variation des Tempos aus einem schnelleren Pop-Intro eine langsame Balladen-Einleitung werden.

Ausgearbeitete Intros

Pop 5

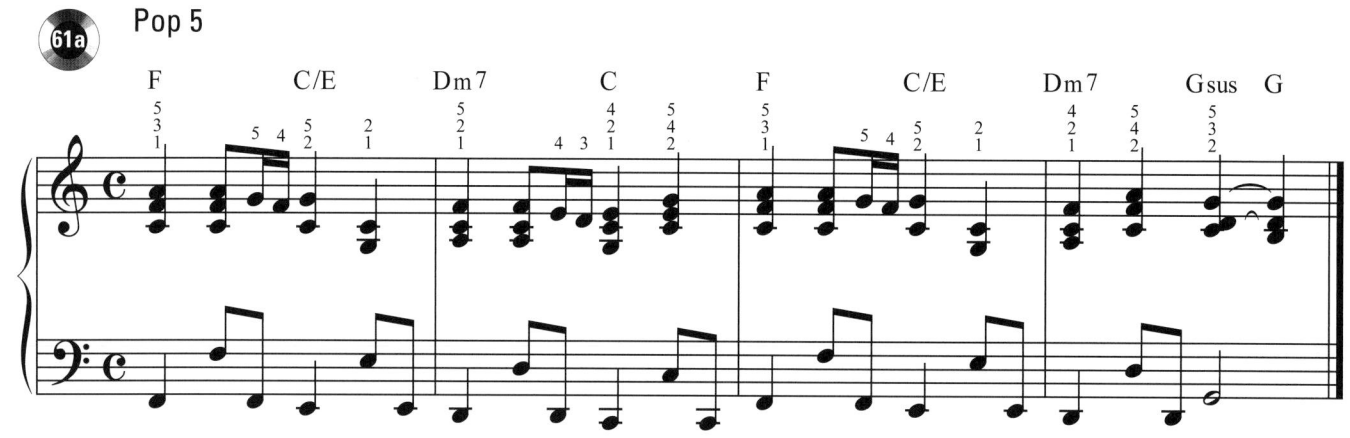

Pop 6

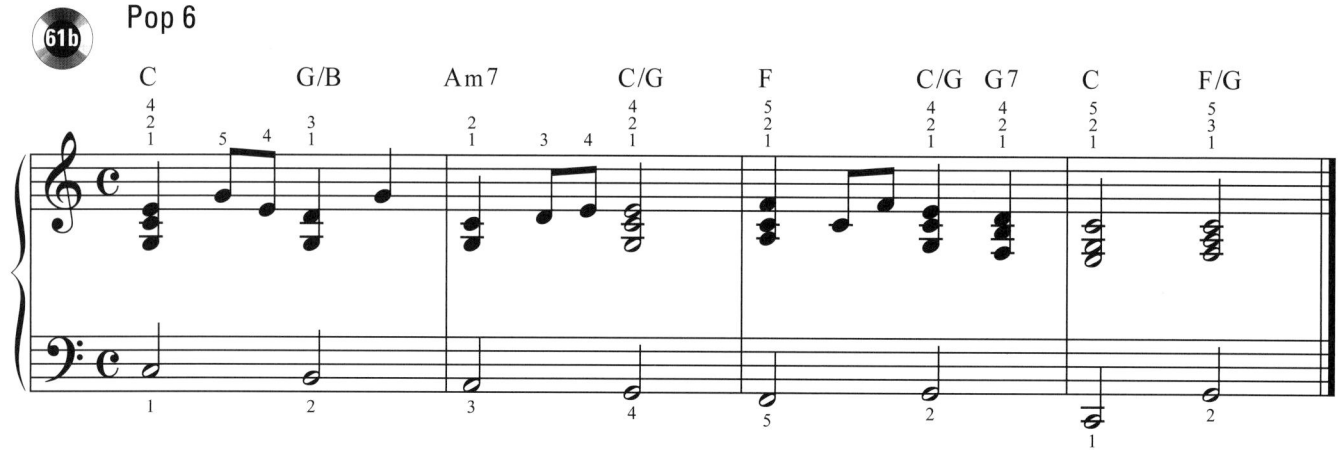

Pop 7

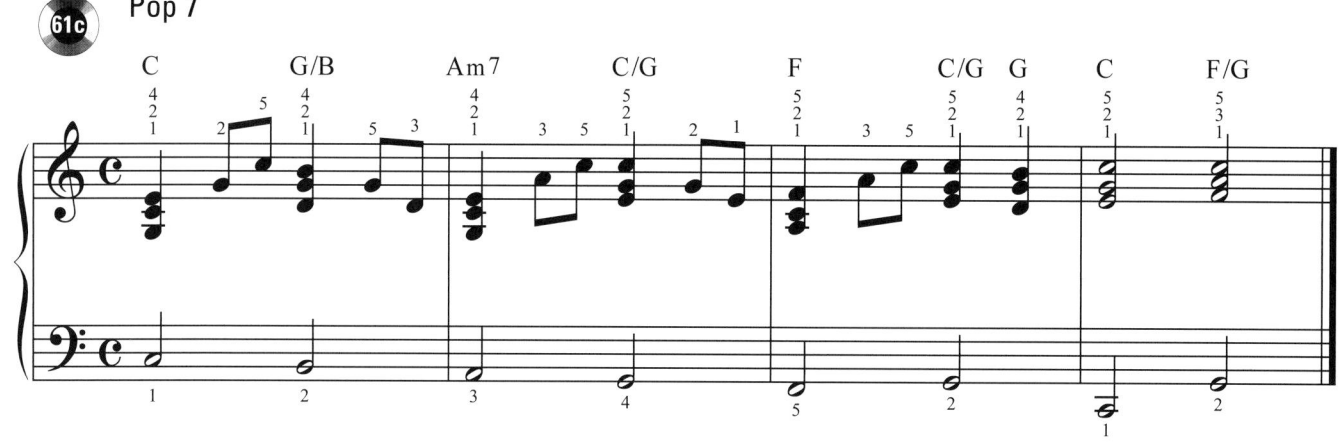

Pop 8

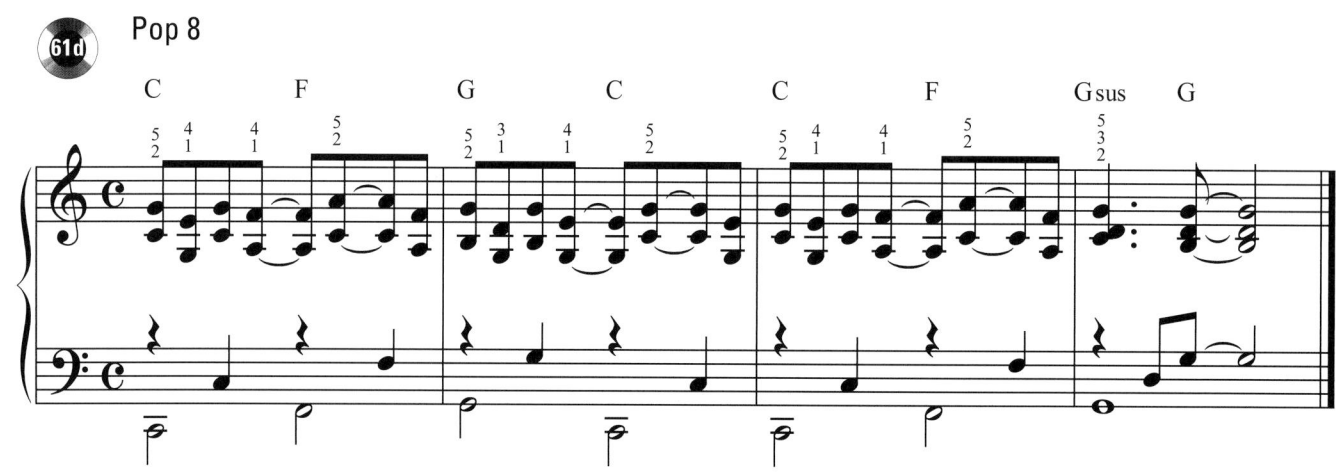

56

Ballade 1

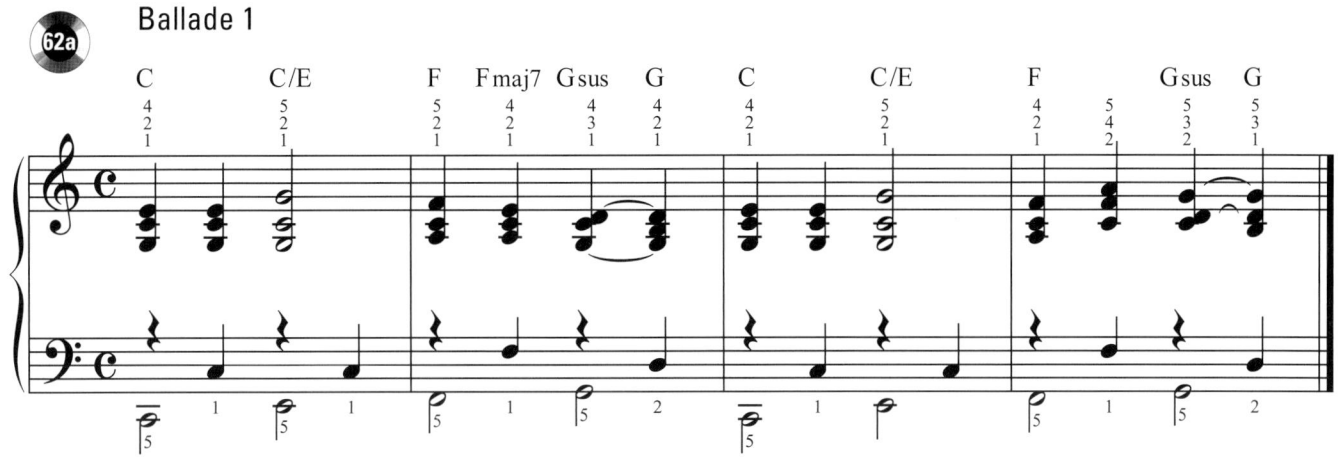

Ballade 2

Ballade 3

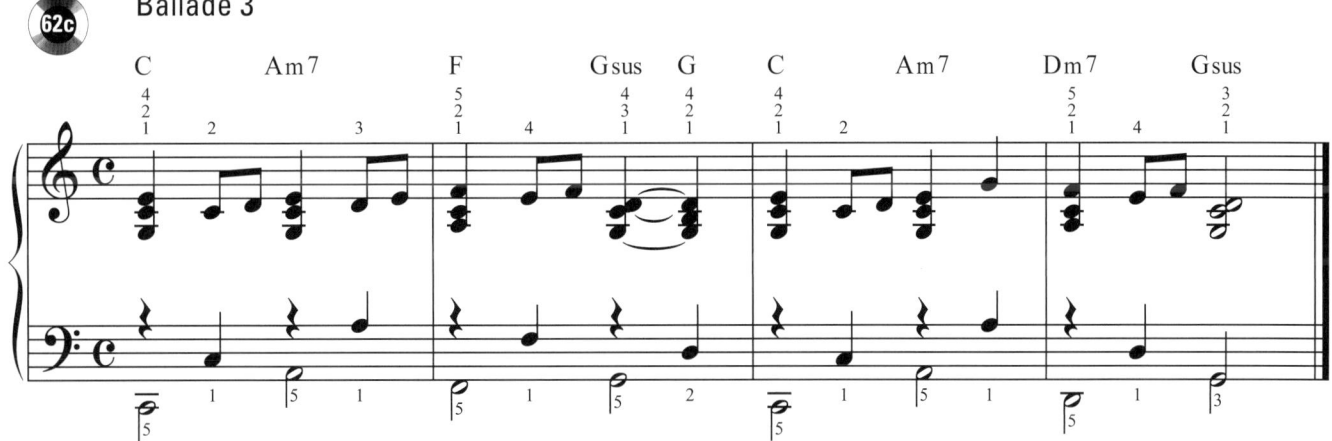

Latin 1

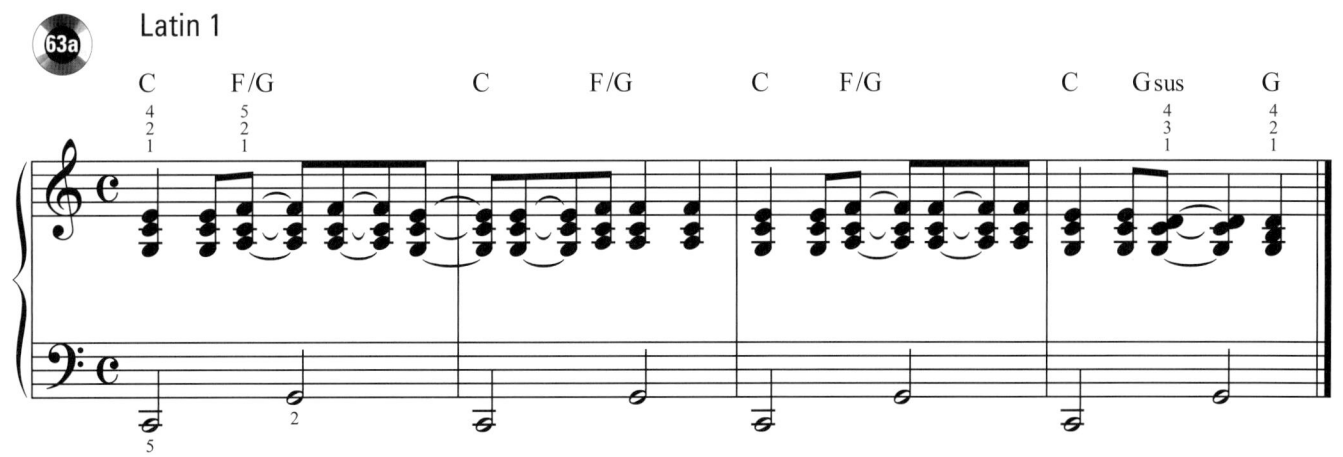

63b Latin 2

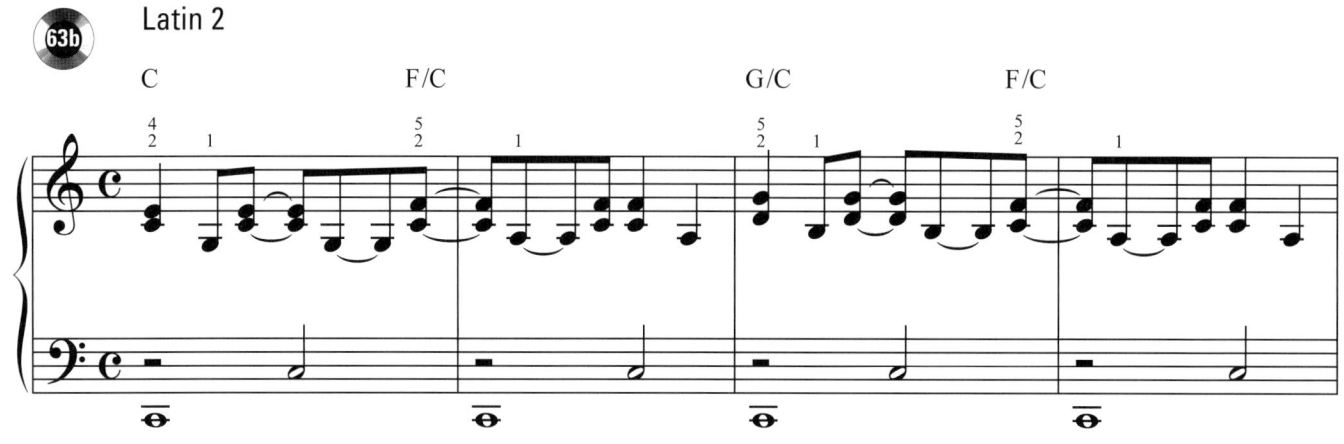

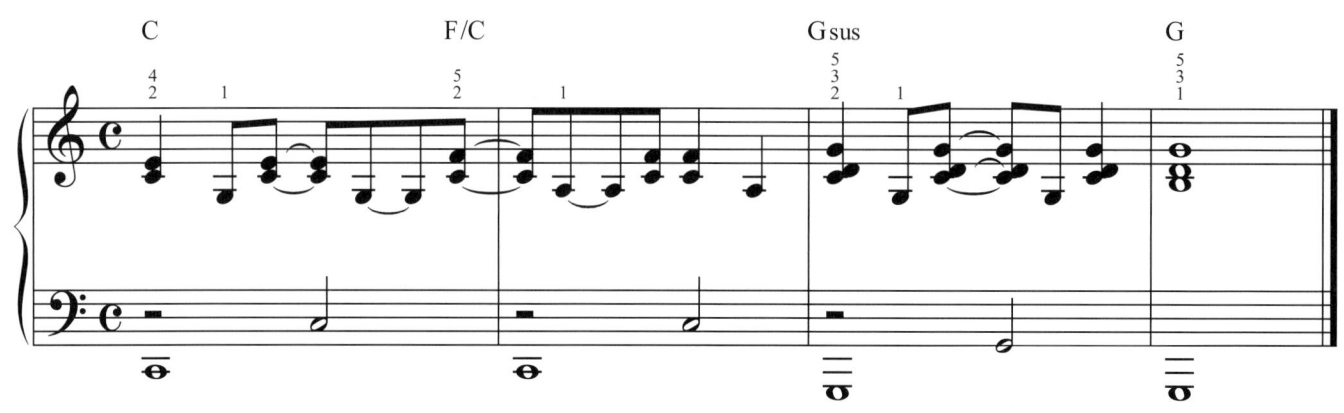

63c Latin 3

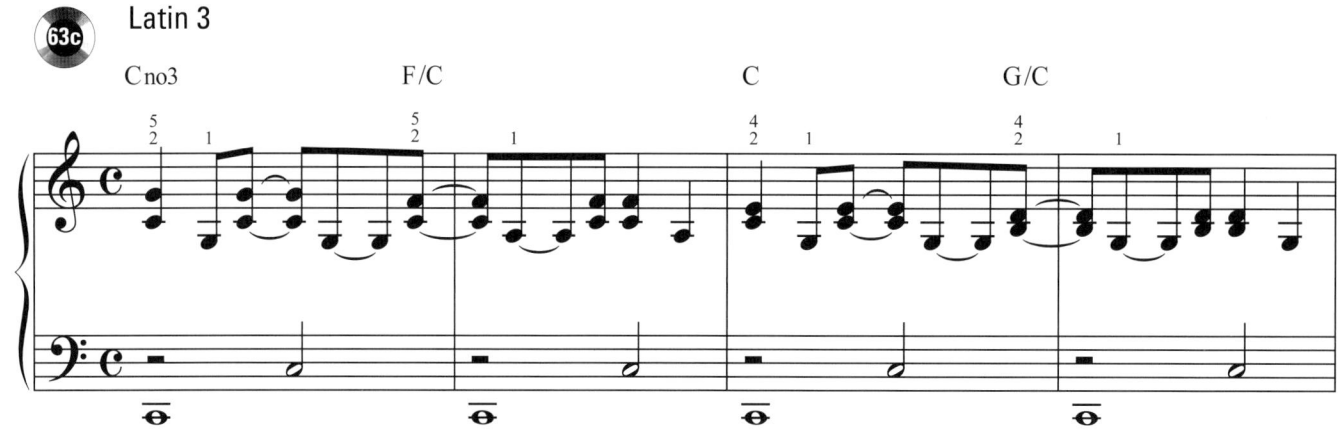

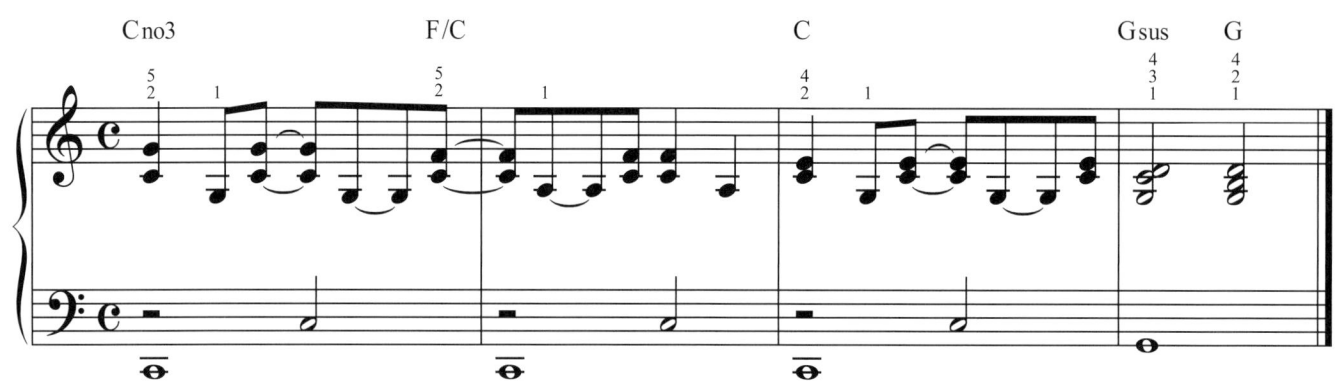

Latin 4

Swing 1

Swing 2

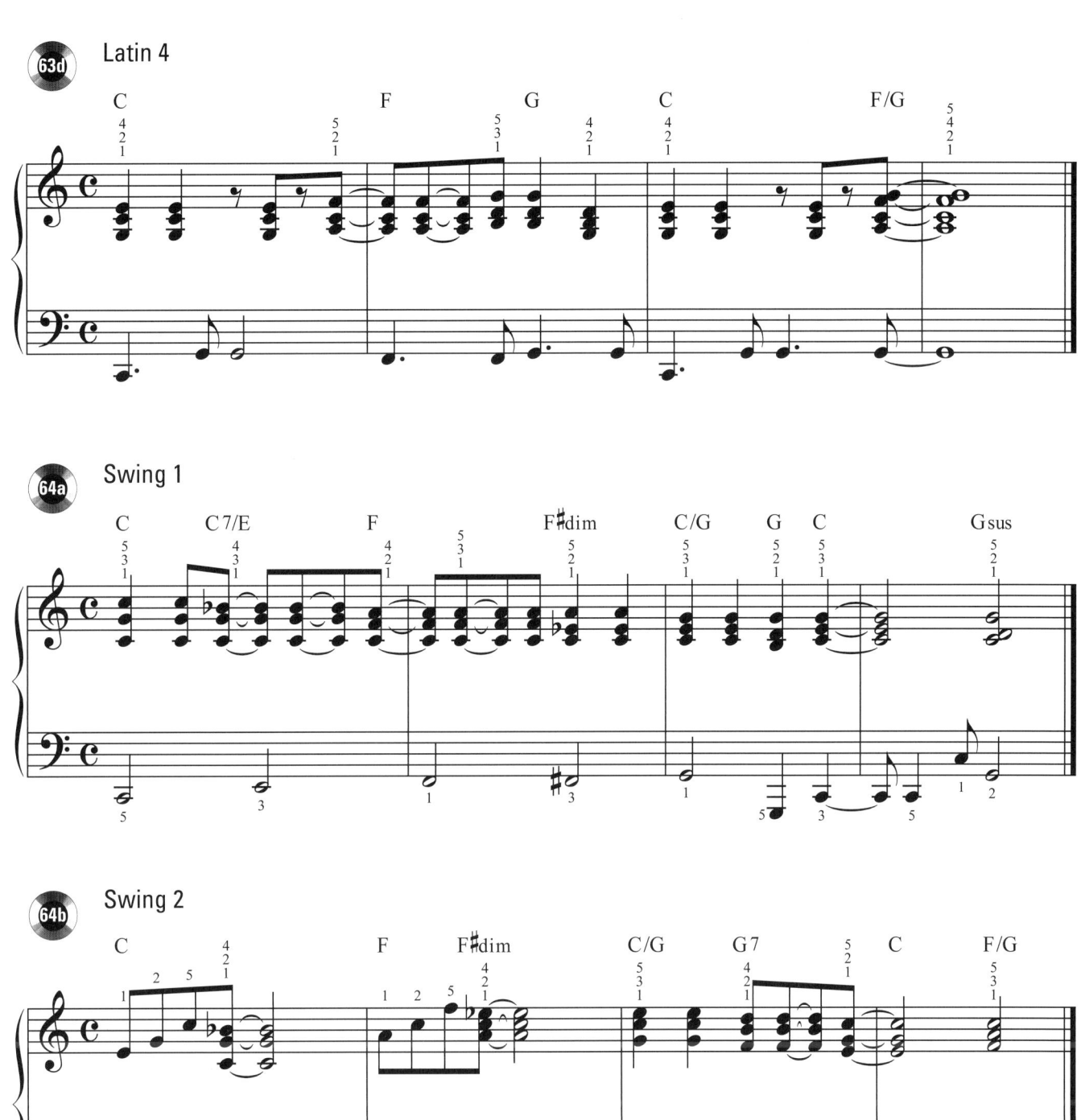

Tipp:

Mit der PDF-Datei können die Intros in jeder beliebigen Tonart ausgedruckt werden.

Endings

Der musikalische Vortrag kann nicht nur durch das Voranstellen eines Intros an Qualität gewinnen, sondern auch mit einem typischen Schlussteil am Ende eines Stückes.

Hängen Sie an einem Song eines der folgenden Endings an, um das Lied rund und deutlich zum Abschluss zu bringen. Auch hier müssen die ausschließlich in C-Dur gehaltenen Beispiele, bei Bedarf in die entsprechende Tonart transponiert werden. Außerdem sollten Sie auch ein paar Ihrer Lieblings-Schlusteile auswendig lernen.

artist ahead

Tipp:

Mit der PDF-Datei können die Endings in jeder beliebigen Tonart ausgedruckt werden.

Überleitungen und Zwischenspiele

Ist man am Ende eines Songs angekommen, und will noch eine weitere Strophe anhängen, empfiehlt sich das Spielen einer passenden Überleitung, die zum Songanfang zurückführt.

Die erste und auch einfachste Möglichkeit ist, am Ende eines Songs einen Zwischentakt bzw. Überleitungstakt mit der Dominante einzufügen. In der Regel beginnt und endet ein Song mit der Tonika. Die Dominante (fünfte Stufe) leitet immer zur Tonika (erste Stufe) hin, so dass Sie damit den richtigen Überleitungsakkord haben, um wieder an den Anfang des Songs zu kommen. Ein Beispiel: Bei einem Song in „C-Dur" spielen Sie am Ende als eingefügten Akkord einfach die Dominante „G", die dann zur Anfangstonika dem „C-Dur-Akkord" hinleitet. Sehr oft wird in der Popmusik anstelle der normalen Dominante (z.B. „G7") ein sus-Akkord (z.B. „Gsus") als Überleitung gespielt.

Im nachfolgenden Beispiel 1 befinden wir uns in der Tonart G-Dur und verwenden als Überleitungstakt einen Dsus-Akkord, der auch oft mit dem Symbol „C/D" (siehe Kapitel „Bedeutung der Akkordsymbole") bezeichnet wird.

Oh My Darling

Bsp. 1

Eine weitere Möglichkeit wieder an den Anfang eines Songs zu gelangen, ist das Einfügen eines mehrtaktigen Zwischenspiels. Dieses endet oft ebenso mit der Dominante oder dem sus-Akkord, um so wieder zum Anfang des Songs hinzuleiten. Prinzipiell können Sie die meisten der ausgearbeiteten Intros in diesem Buch auch als Zwischenspiel verwenden. Wenn Sie sich diese Beispiele genauer ansehen, werden Sie am Ende meistens die Dominante oder den sus-Akkord vorfinden.

 Oh My Darling

Bsp. 2

Ende des Songs

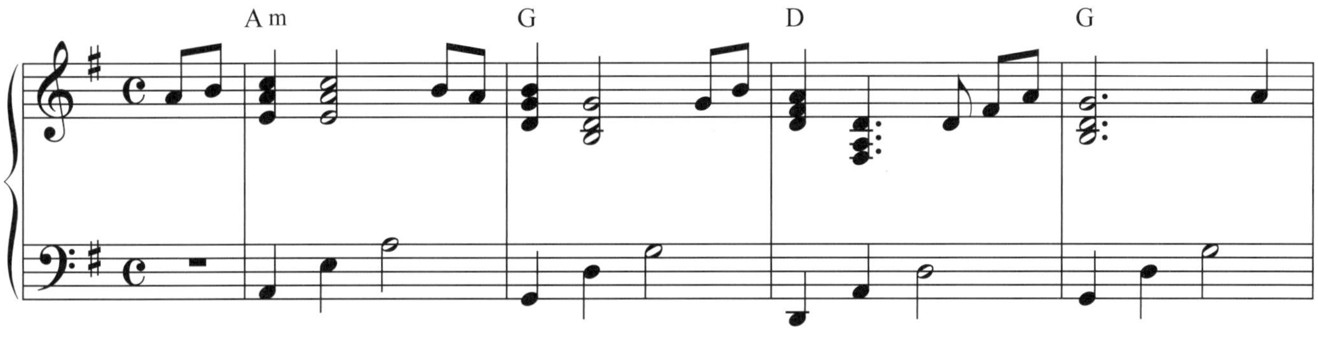

eingefügtes Zwischenspiel

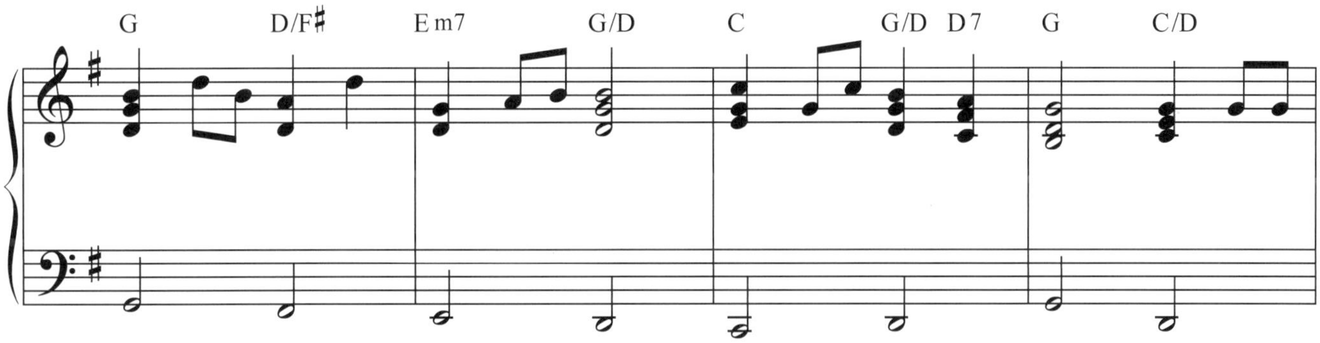

Beginn des Songs bzw. 2. Strophe

Stile der Popmusik

Der Überbegriff Popmusik, im Sinne von „leichter" Unterhaltungsmusik, beinhaltet zahlreiche Stilrichtungen. Dabei gibt es ein paar Standard-Richtungen, die ein Solo-Pianist oder Begleiter in jedem Fall beherrschen sollte. Diese werden wir nun nacheinander analysieren und in dazugehörigen Übungen und ausgearbeiteten Songs näher kennenlernen.

Pop

Typische Merkmale des Pop-Piano-Spiels sind bereits in den Kapiteln „Akkorde im Variieren der Terz mit der Quarte" und „Durchgangsakkorde" vorgestellt worden. Spielen Sie die komplett ausgearbeiteten Stücke dieser Kapitel, um nochmals einen Eindruck davon zu gewinnen. Eine weitere Unterart, die Pop-Ballade, soll hier gesondert besprochen werden.

Bevor Sie die ausnotierte Balladen-Begleitung von „Oh My Darling" spielen, sollten Sie folgende typische Bassfiguren der Pop-Ballade mit Ihrer linken Hand üben. Wenn dabei das Sustain-Pedal (rechtes Pedal am Klavier) einen ganzen Takt gehalten wird, entsteht ein „flächiger" Charakter, der gut zu einer Pop-Ballade passt.

Bassfiguren - Popballade

Oh My Darling
Balladenbegleitung

Traditional
Arr.: Michael Gundlach

Rock

Die Ausarbeitung des nächsten Songs „Sloop John B." verwendet die für diese Musikrichtung charakteristischen „Power-Chords", die Sie im Kapitel „Akkorde ohne Terz" bereits kennengelernt haben. „Power-Chords" werden in einer Rockband in der Regel von verzerrten E-Gitarren gespielt.

 Sloop John B.
Rockbegleitung

Traditional
Arr.: Michael Gundlach

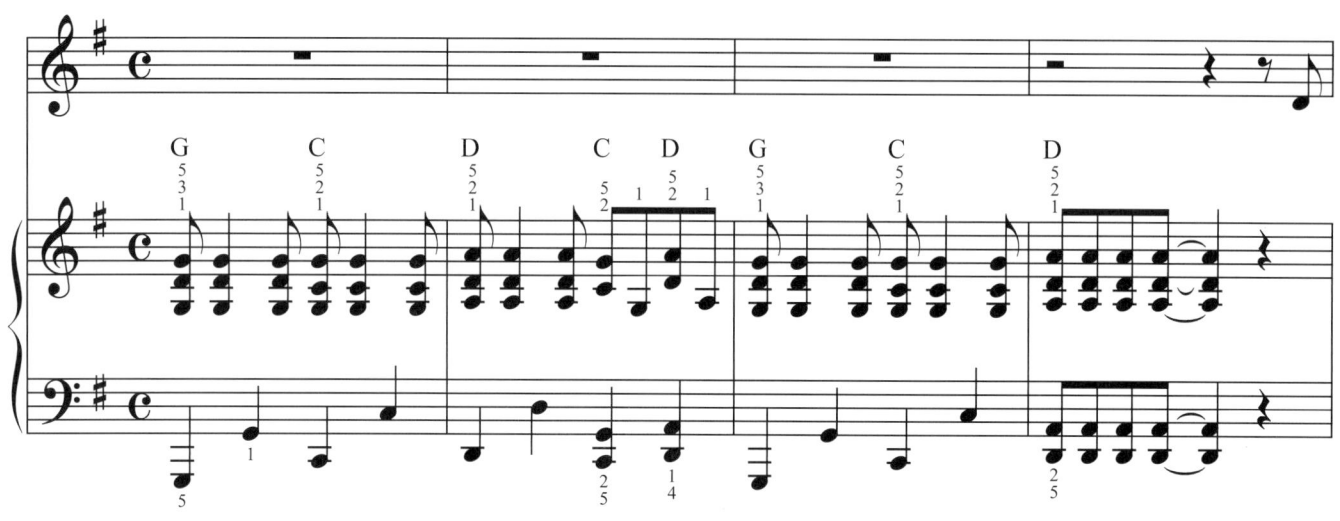

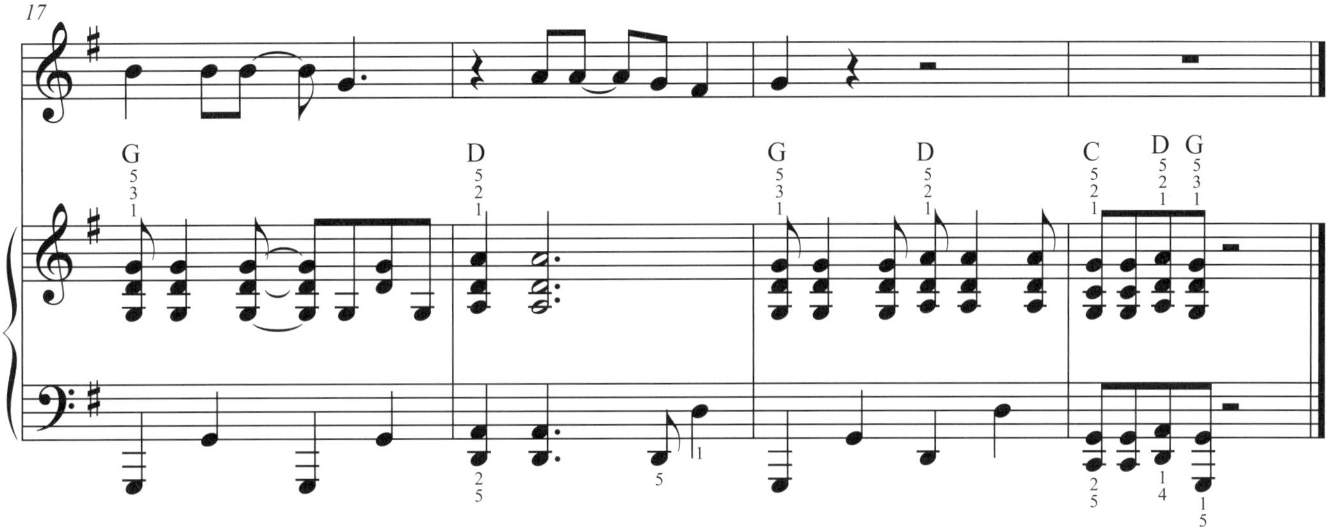

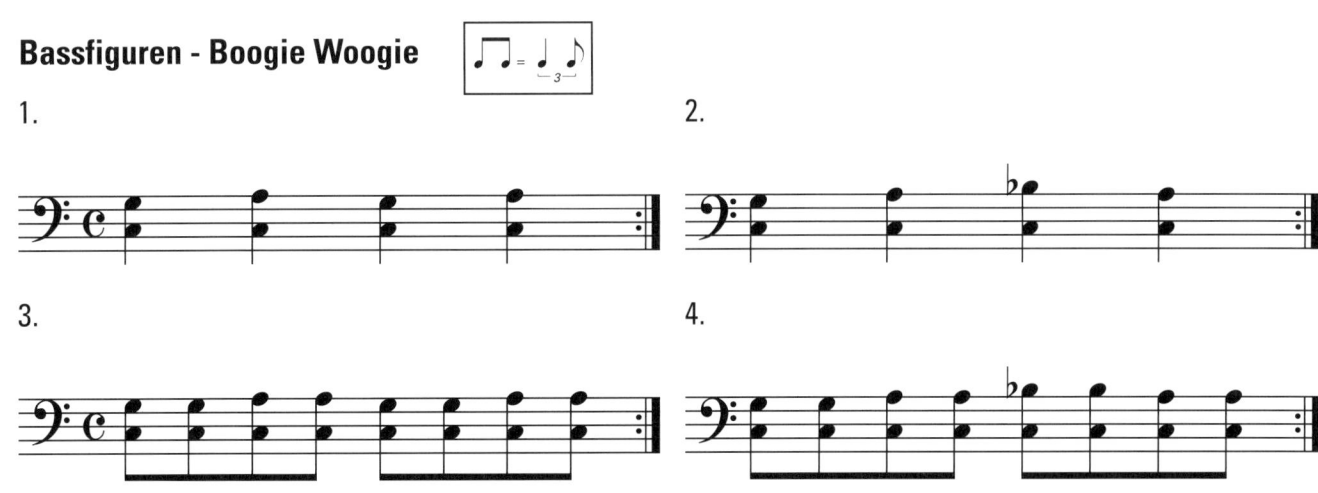

Boogie Woogie

Die beliebteste Stilrichtung für viele Pianisten ist der Boogie, und soll deshalb in diesem Kapitel besonders ausführlich behandelt werden. Typisch für den Boogie Woogie sind vor allem die Bassfiguren, die, da sie nicht nur aus Grundton und Quinte bestehen, etwas schwieriger zu spielen sind. Üben Sie deshalb erst die linke Hand, und beachten Sie dabei, dass die Achtelnoten triolisch zu spielen sind. Auch bei den Figuren für die rechte Hand wird Ihnen auffallen, dass beim Boogie oft die kleine Septime gespielt wird. Wenn beide Hände einzeln flüssig und fehlerfrei funktionieren, kombinieren Sie die Figuren nach Belieben. Alle nachfolgenden Figuren können bei einem C7-Akkord gespielt werden.

Bassfiguren - Boogie Woogie

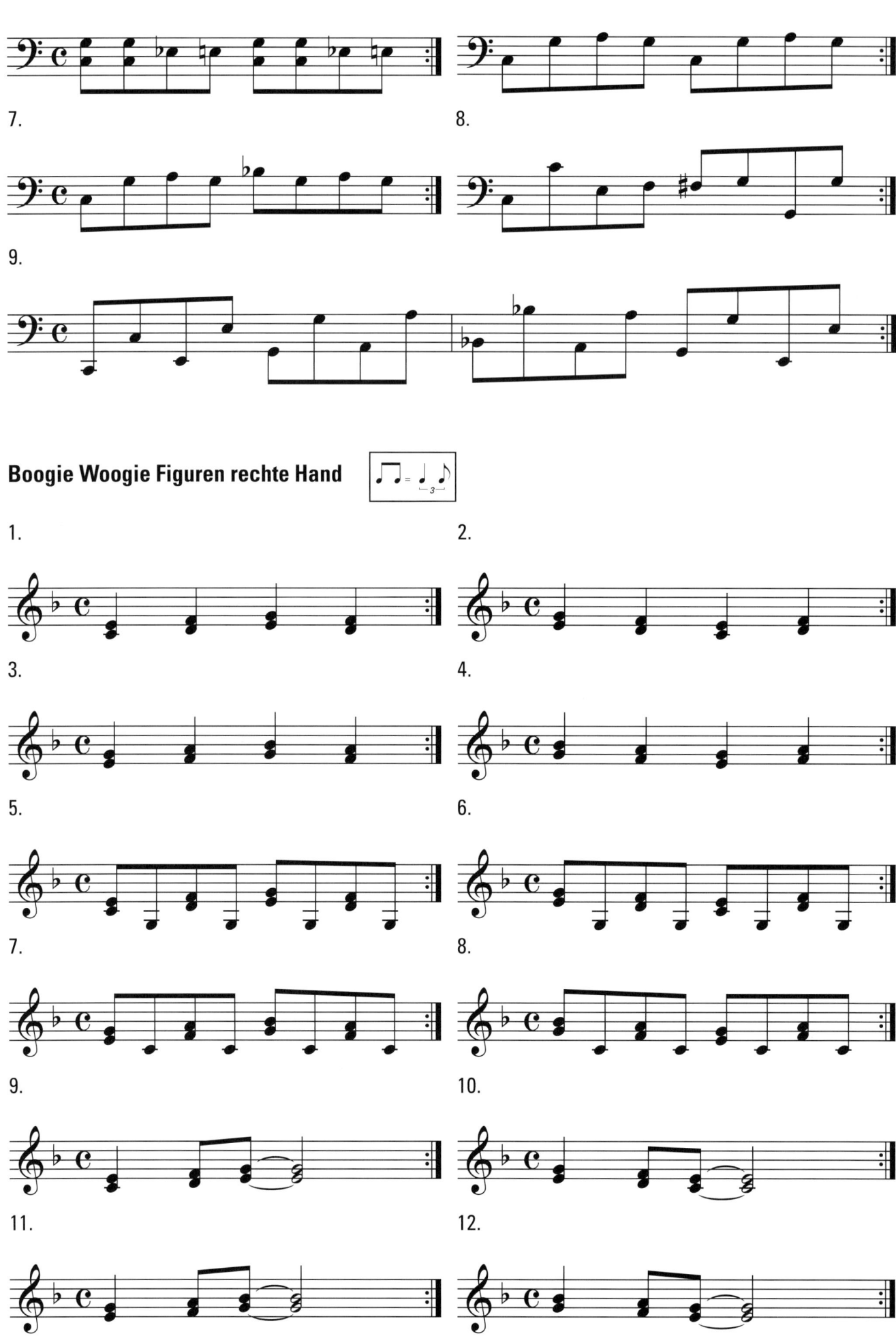

Boogie Woogie Figuren rechte Hand

13.

14.

15.

16.

17.

18.

19.

20.

He's Got The Whole World

Lead-Sheet

Traditional
Arr.: Michael Gundlach

He's Got The Whole World

Boogie Woogie Solo

Traditional
Arr.: Michael Gundlach

70

76

Oh My Darling

Boogie Woogie Solo

Traditional
Arr.: Michael Gundlach

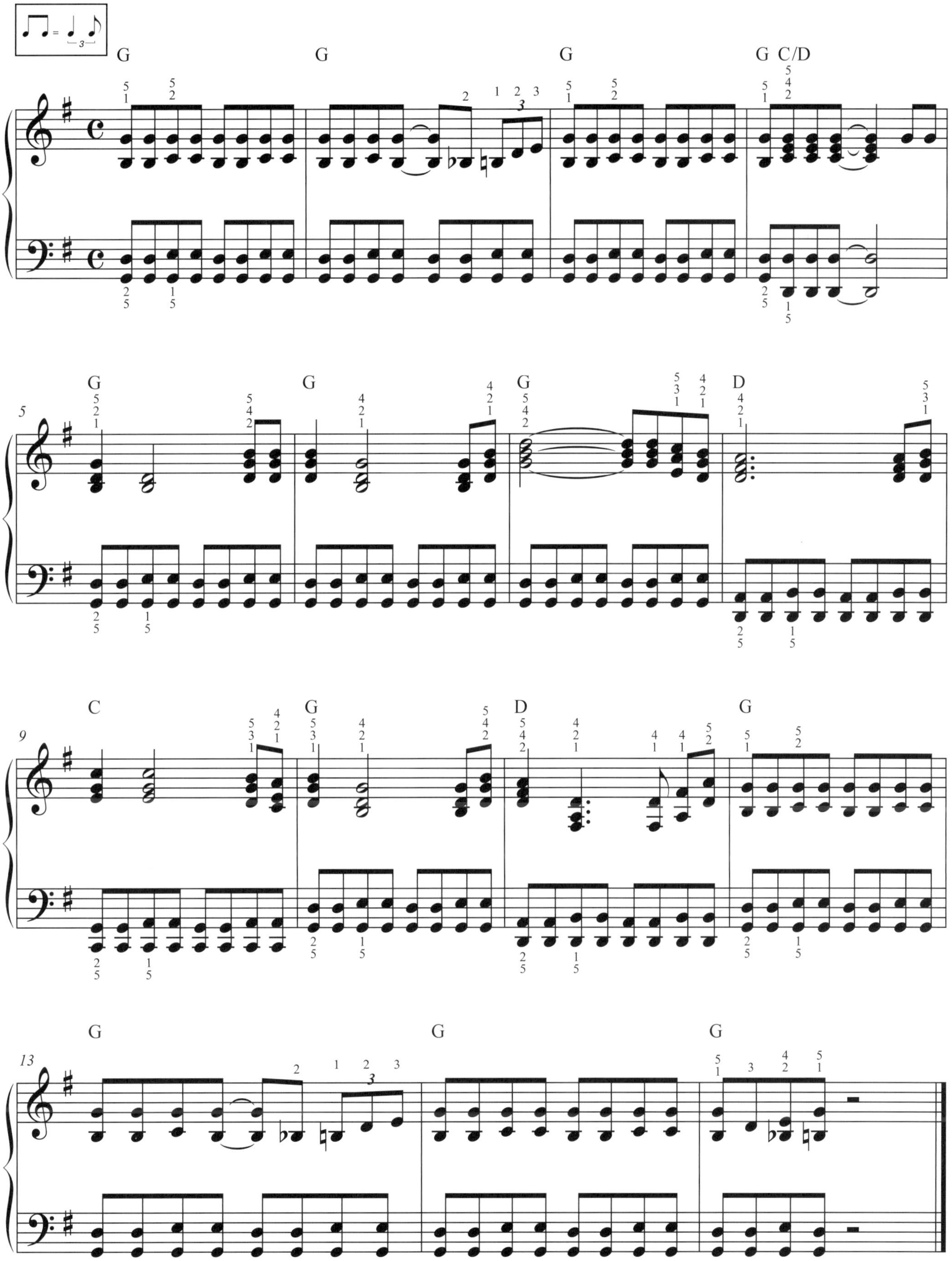

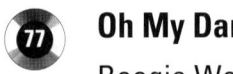

Oh My Darling
Boogie Woogie Begleitung

Traditional
Arr.: Michael Gundlach

Ragtime

Ein sehr häufig verwendeter Stil beim Solo-Piano-Spiel ist der Ragtime. Da hier die linke Hand durch eine Sprungtechnik abwechselnd Basstöne und Akkorde spielt, kann sich die rechte Hand auf das Melodiespiel beschränken. Auch die scheinbar einfachsten Ragtimes sind wegen der besonderen Sprungtechnik der linken Hand (Stride-Piano) dennoch nicht so leicht zu spielen.

Wie folgendes Kadenz Beispiel verdeutlicht, ist die Abfolge der linke Hand Grundton - Akkord - Quinte - Akkord.

Ragtime - Kadenz

Wichtig ist auch, dass der Akkord nicht zu tief gespielt wird, also nicht unter dem „großen C", da dieser sonst sehr „brummig" klingen würde. Deshalb kann es vorkommen, dass die Melodie der rechten Hand gezwungenermaßen eine Oktave höher gespielt werden muss, damit sich der Akkord und die Melodie nicht in die Quere kommen.

Oh My Darling
Ragtime

Traditional
Arr.: Michael Gundlach

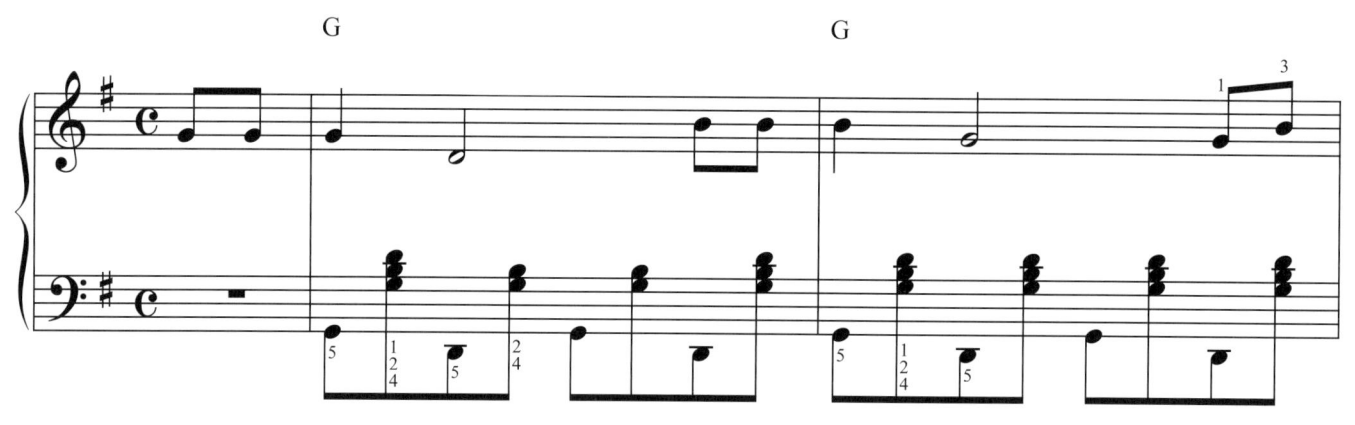

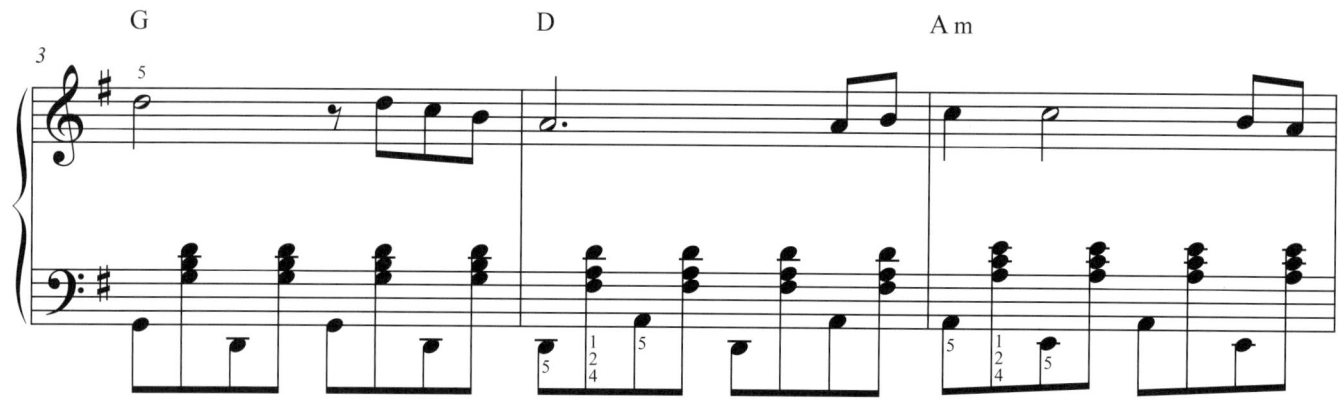

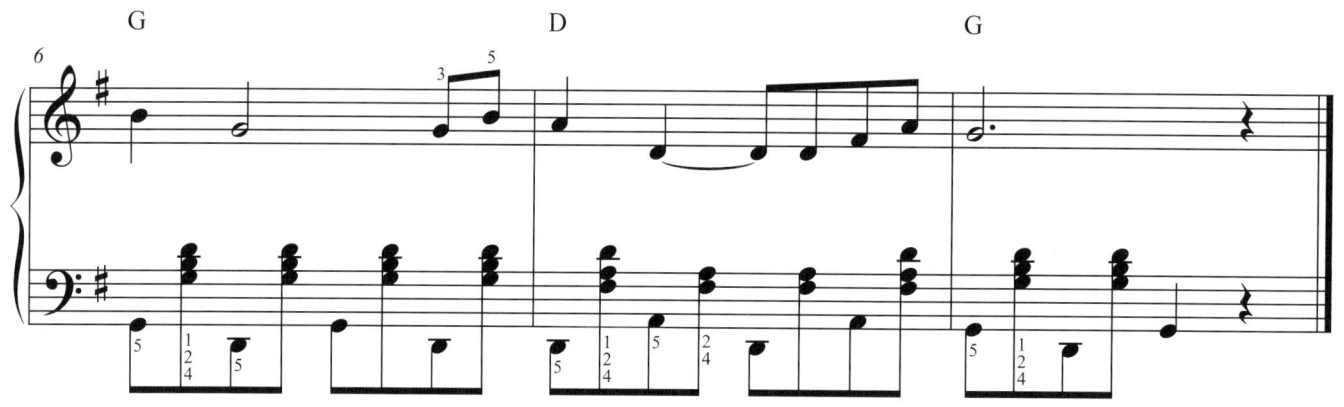

Oh When The Saints
Ragtime

Traditional
Arr.: Michael Gundlach

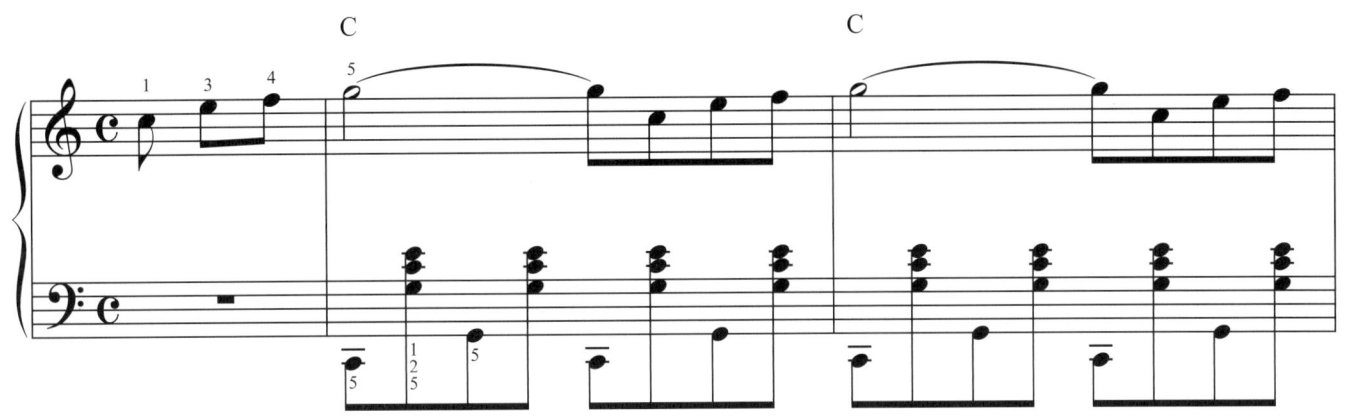

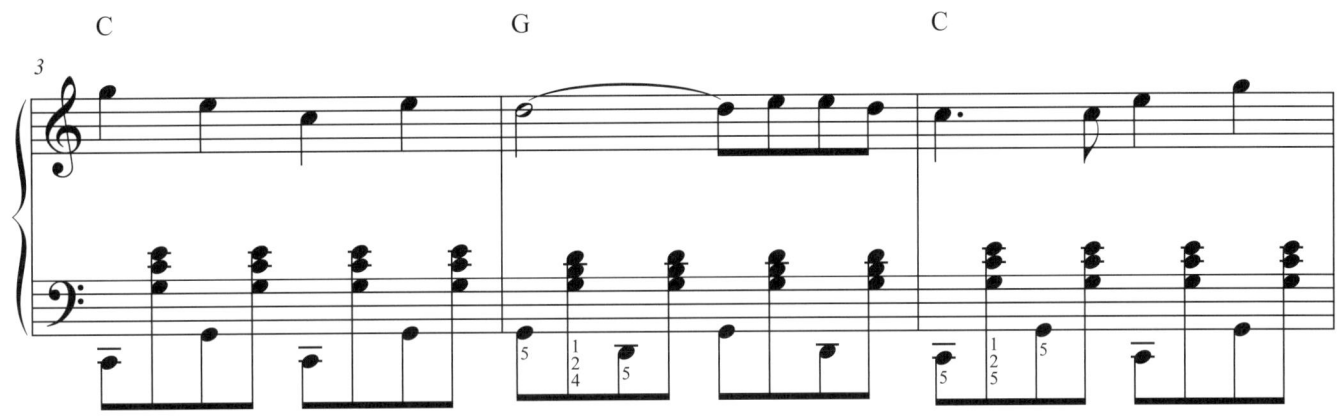

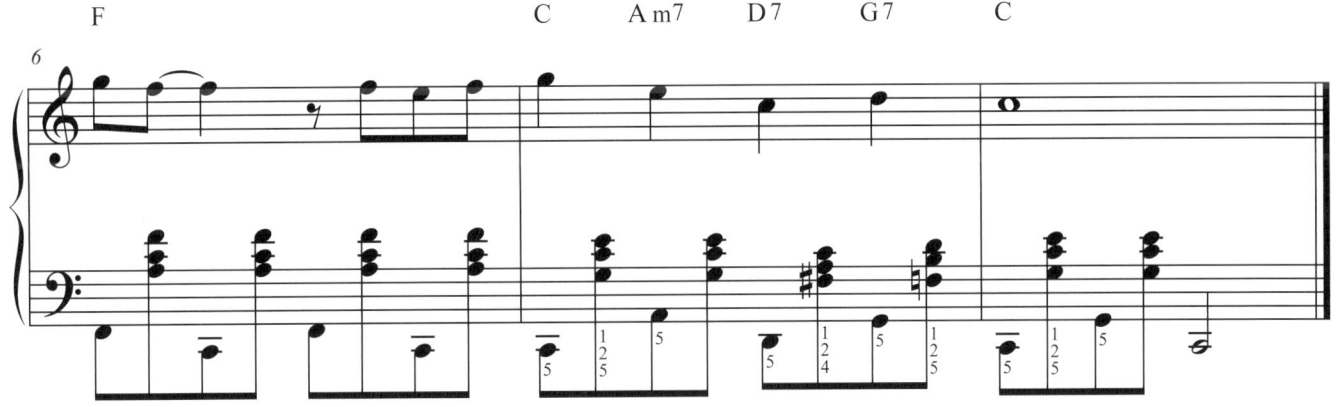

Country

Will man diese musikalische Stilrichtung am Klavier begleiten, wird vor allem die rechte Hand gefordert, während sich die linke Hand auf das Wechselspiel von Grundton und Quinte beschränkt.

Das Akkordspiel folgt hauptsächlich zwei Regeln: Zum einen wird die Terz mit der Sekunde bzw. None variiert (siehe auch Kapitel „Akkorde ohne Terz / mit None") und zum anderen die Quinte mit der Sexte.

Beide Variationen werden in den nachfolgenden Ausarbeitungen der Stücke „Oh My Darling" und „Oh When The Saints" verwendet.

 ### Oh My Darling
Countrybegleitung

Traditional
Arr.: Michael Gundlach

Oh When The Saints
Countrybegleitung

Traditional
Arr.: Michael Gundlach

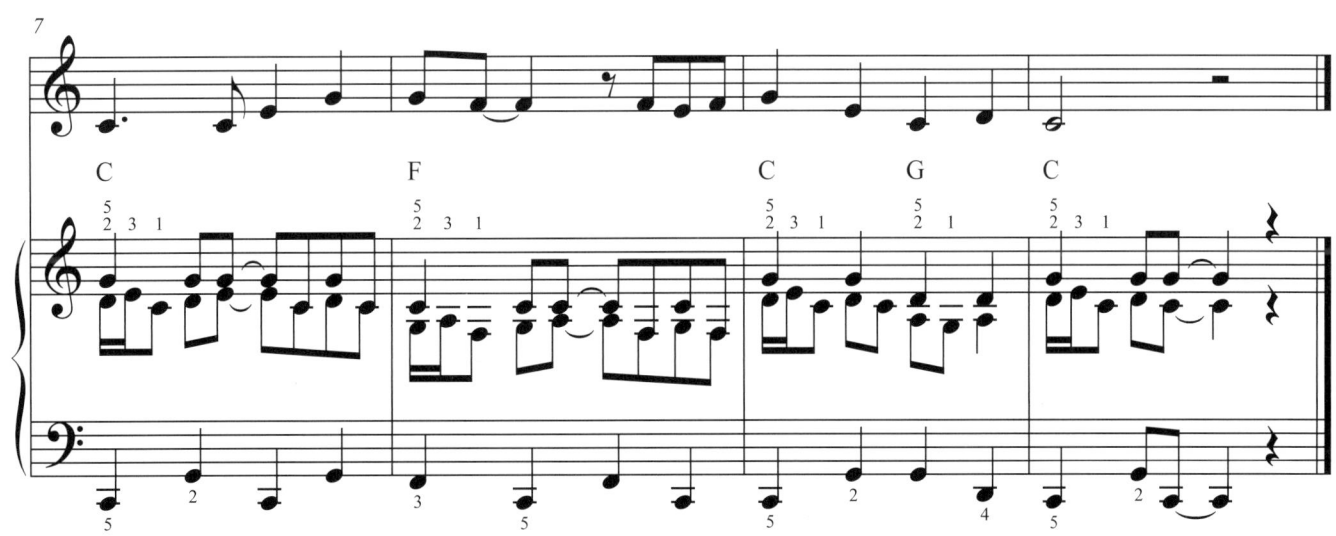

Walzer

Oft unterschätzt, und daher meist nicht gut interpretiert, wird der Walzer. Aus diesem Grund, und weil der 3/4- Takt in diesem Lehrgang hier zum erstenmal in Erscheinung tritt, werden Ihnen besonders viele Beispiele präsentiert. Geübt werden zuerst wieder typische Bassläufe mit der linken Hand. Mit der rechten Hand kann dann eigenständig ein C-Dur oder C-Moll Akkord darüber gespielt werden.

Bassfiguren - Walzer

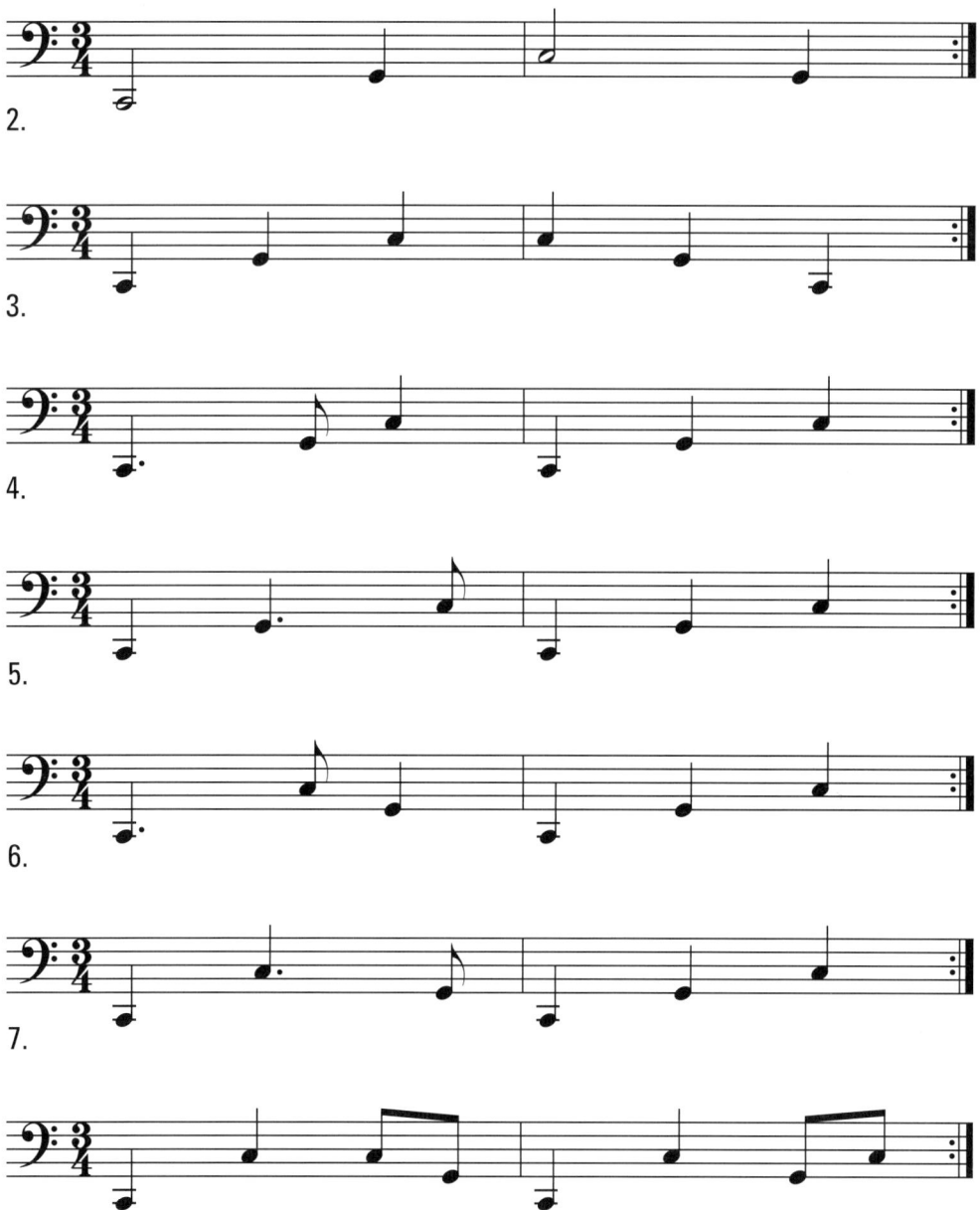

In den folgenden Beispielen geht es vor allem um den Einsatz der rechten Hand beim Walzerspiel. Beispiel 83a beinhaltet eine gewöhnliche Begleitung. Beispiel 83b verwendet Akkordumkehrungen (siehe gleichnamiges Kapitel). In den Beispielen 84a bis 84c wird mit Akkordzerlegungen gearbeitet (siehe Kapitel „Akkordaufsplittung"). Durchgangsakkorde (siehe gleichnamiges Kapitel) werden im Beispiel 85a verwendet, und Synkopen im Beispiel 85b.

Tipp: Versuchen Sie auch die zuvor vorgestellten Bassfiguren mit denen in der Kadenz auszutauschen. Allerdings müssen Sie diese bei den Akkorden F-Dur und G-Dur transponieren.

artist ahead

Walzer - Kadenzbeispiele

Nun noch zwei Walzer-Ausarbeitungen von „Down In The Valley". Zuerst wieder das „Lead-Sheet" des Stückes. Probieren Sie dieses Stück nur mit der vorgegebenen Melodie und den Akkordsymbolen ohne fremde Hilfe zu spielen. Danach sehen Sie sich die beiden Ausarbeitungen an. Sowohl die Begleitform, als auch die Solopiano-Version, haben wieder ein für diese Musikrichtung typisches Intro und Ending.

Down In The Valley

Lead-Sheet

Traditional
Arr.: Michael Gundlach

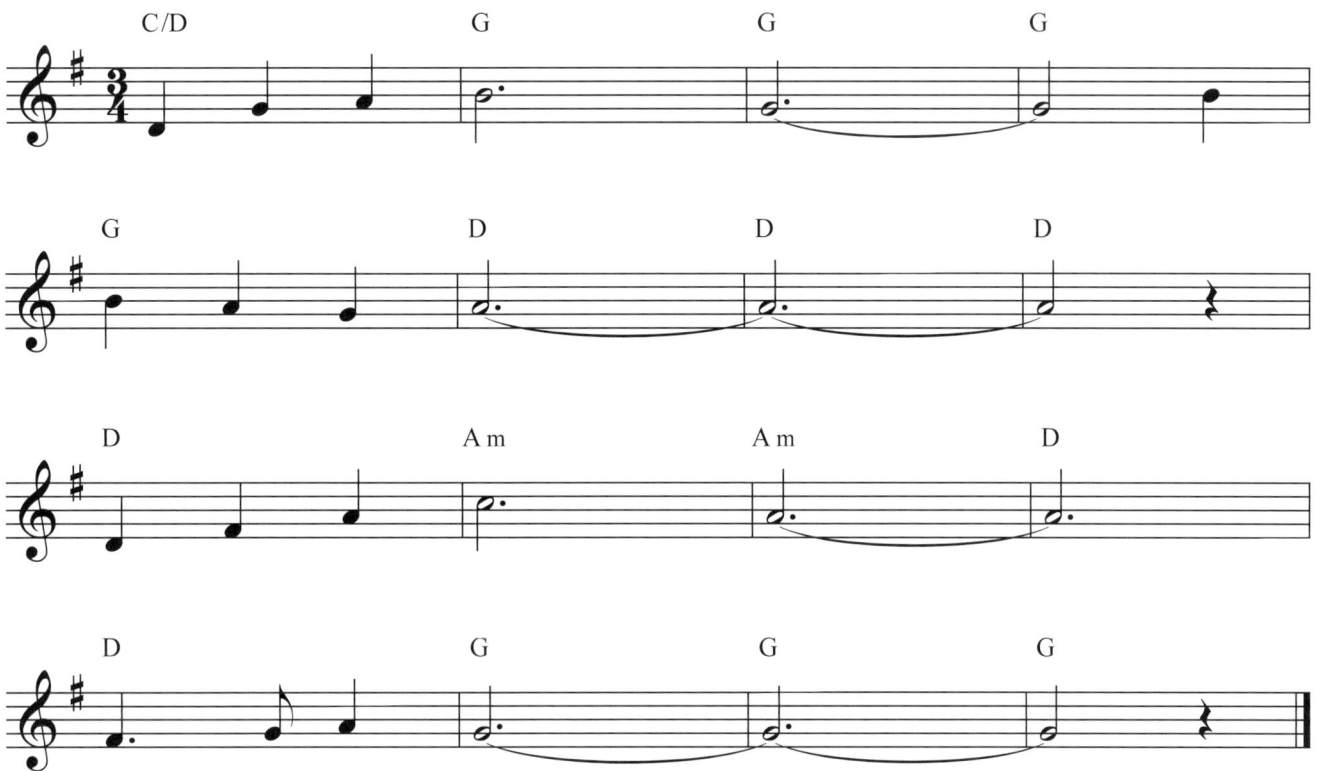

(86) **Down In The Valley**

Begleitung mit Durchgangsakkorden

Traditional
Arr.: Michael Gundlach

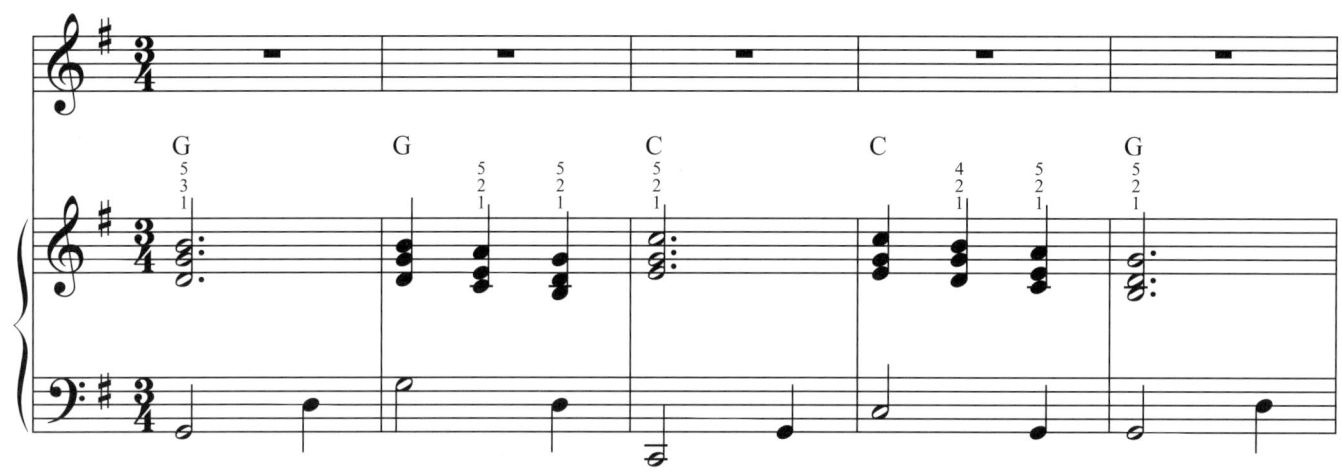

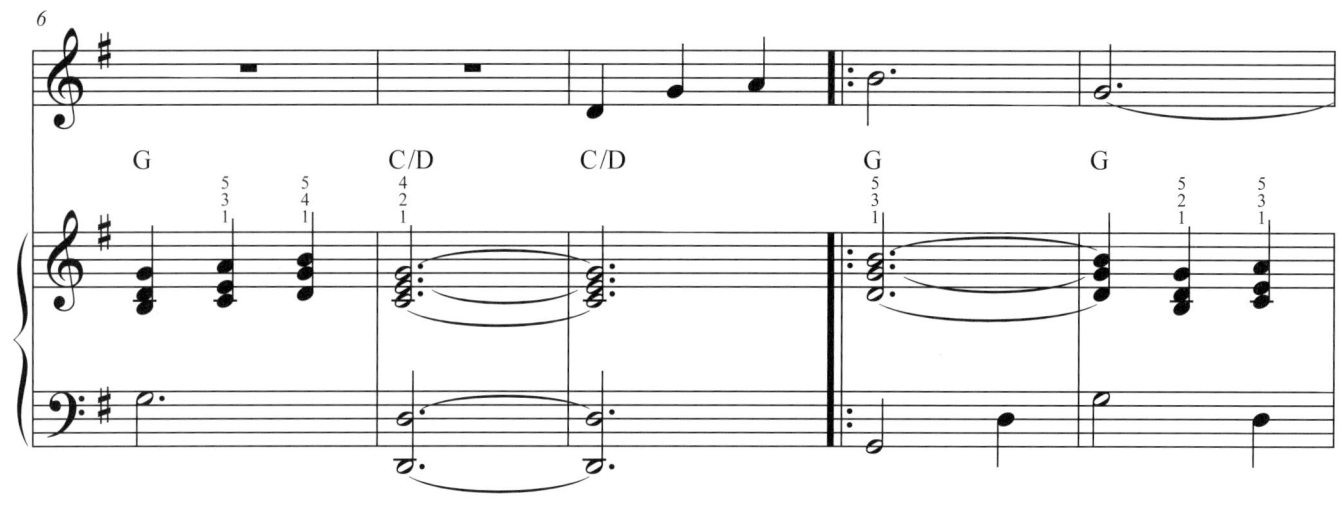

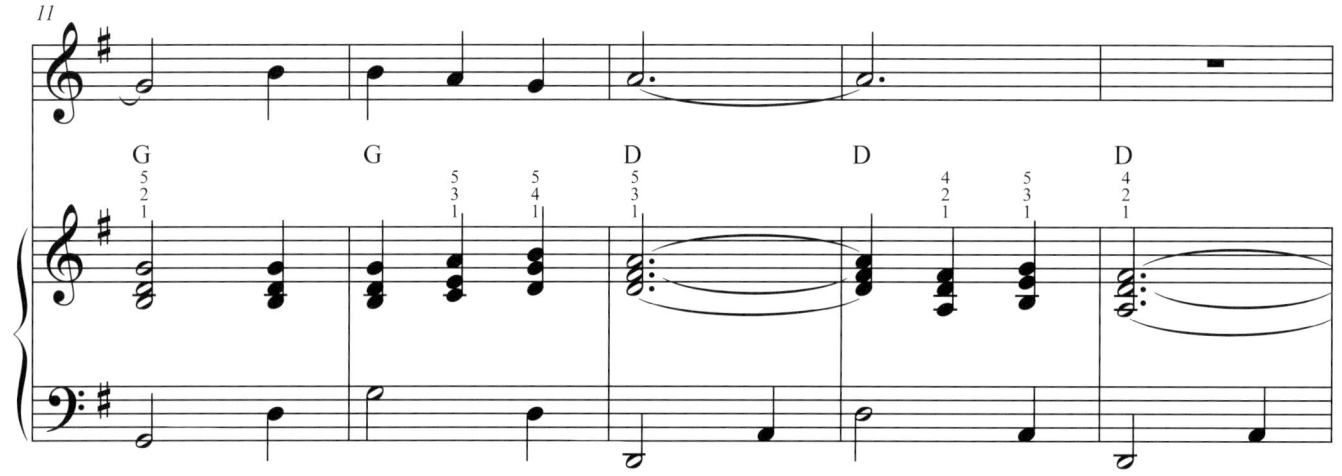

Down In The Valley

Solopiano

Traditional
Arr.: Michael Gundlach

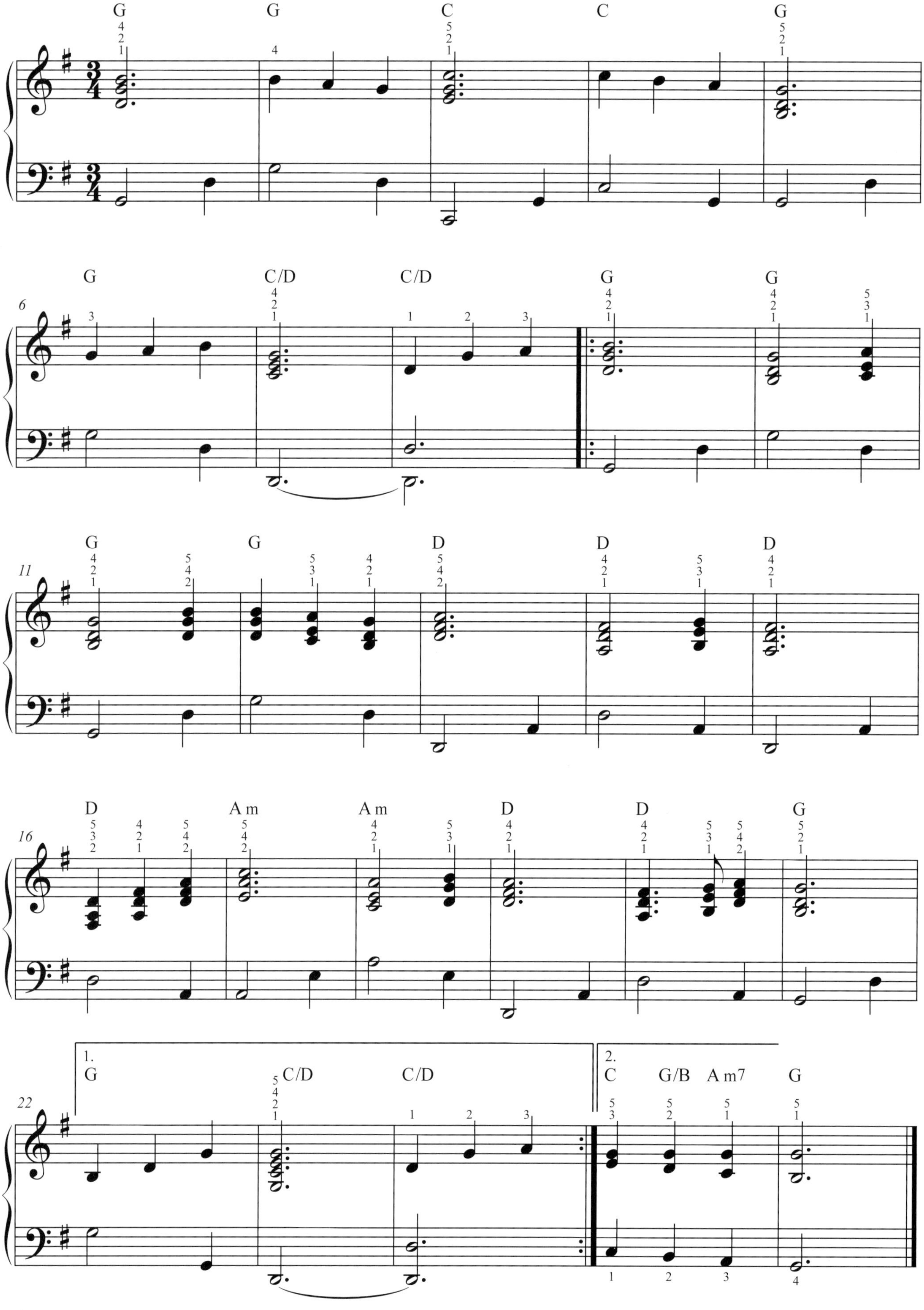

Beguine

Der Beguine ist eine lateinamerikanische Musikform und eignet sich am Klavier besonders zum Begleiten von alten Schlagern und Evergreens. Schauen Sie sich die folgenden zwei im Beguine-Stil ausgearbeiteten Stücke an, wird Ihnen auffallen, dass sich der Grundrhythmus des jeweils ersten Taktes bis zum Ende der Songs durchzieht. Dieser Rhythmus ist typisch für diese Musikrichtung.

Oh My Darling
Beguinebegleitung

Traditional
Arr.: Michael Gundlach

Michael, Row The Boat Ashore
Lead-Sheet

Traditional
Arr.: Michael Gundlach

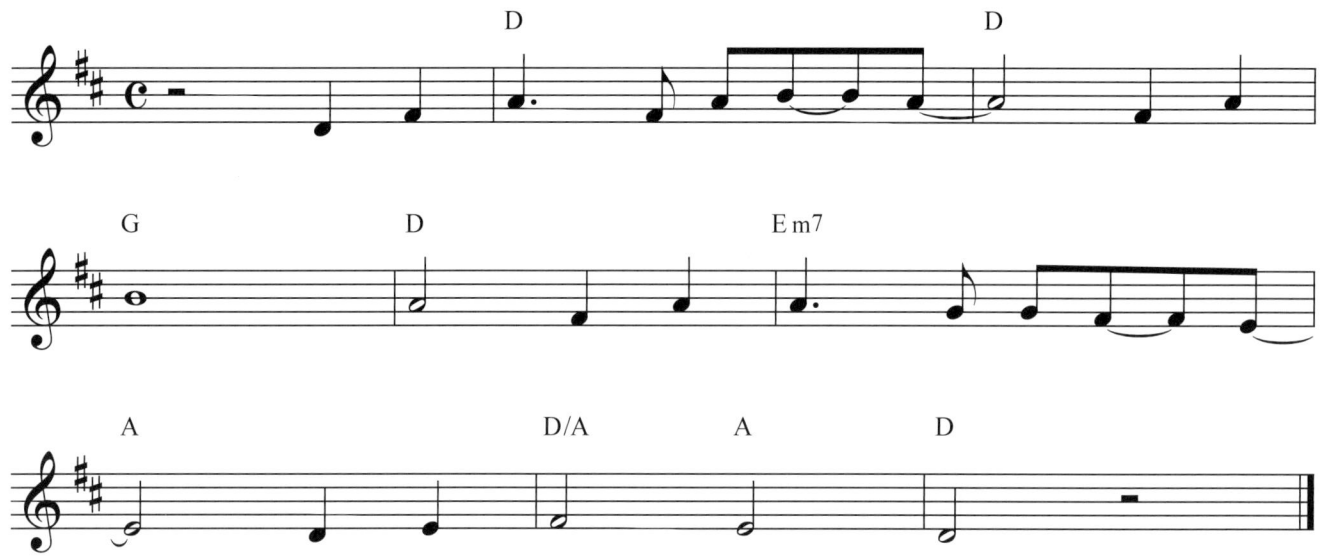

 # Michael, Row The Boat Ashore
Beguinebegleitung

Traditional
Arr.: Michael Gundlach

artist ahead

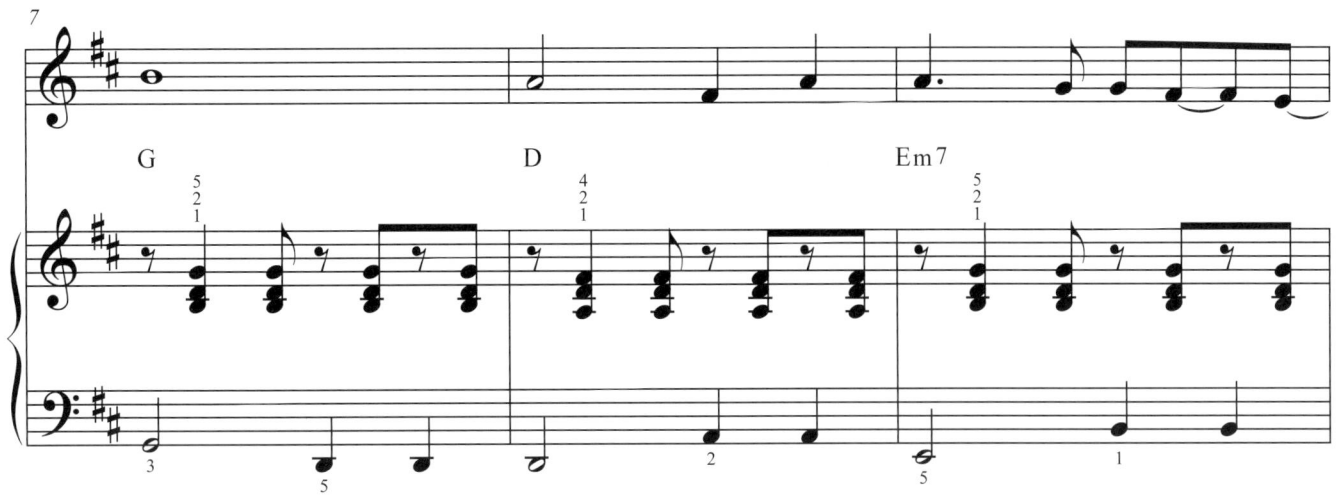

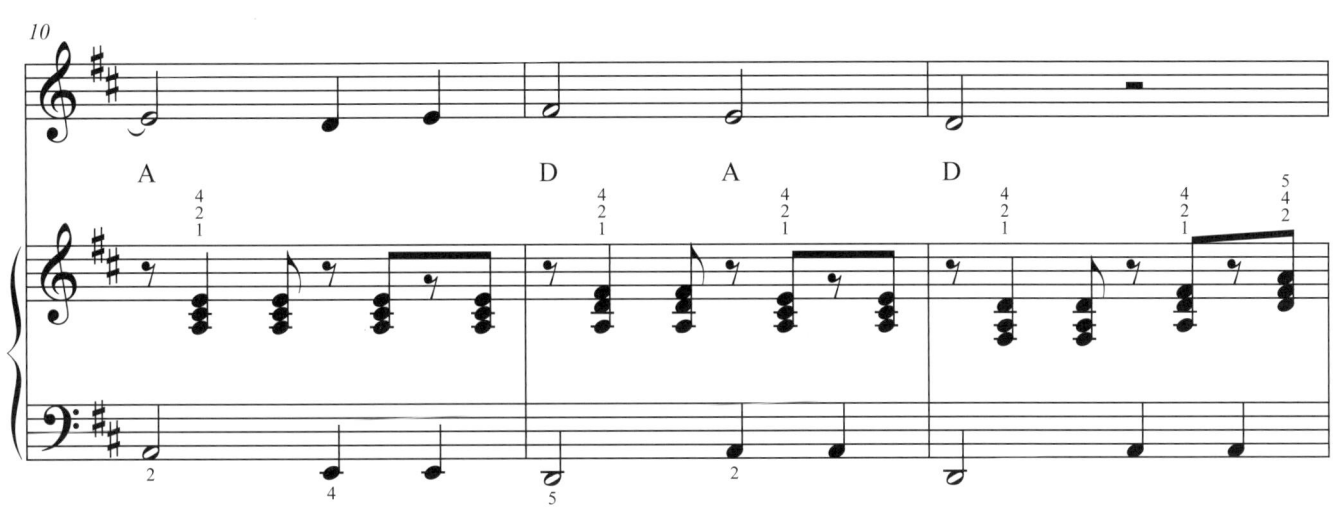

Folklore (israelisch, osteuropäisch)

Eine recht flotte Begleitform der israelischen oder auch osteuropäischen Folklore soll anhand des israelischen Segensliedes „Hevenu Shalom Alechem" vorgestellt werden. Typisch hierfür ist das Wechselspiel von linker und rechter Hand. Wie im Takt 1 gut zu erkennen ist, spielt die linke Hand jeden ganzen Schlag, während die Akkorde mit der rechten Hand immer auf die „Off-Beats", d.h. auf die „und" Zählzeiten, gesetzt werden.
Das Lied „Hevenu Shalom Alechem" folgt einmal als Klavierbegleitung und zum anderen als Piano-Solo-Arrangement. Letzteres ist nicht ganz einfach zu spielen, da der schnelle Rhythmus in die Melodie integriert ist. Das typische Intro können Sie übrigens auch sehr gut als Zwischenspiel, zur Hinführung in die zweite Strophe, oder als Ending benutzen.

Hevenu Shalom Alechem
Lead-Sheet

Traditional
Arr.: Michael Gundlach

90 **Hevenu Shalom Alechem**

Begleitung

Traditional
Arr.: Michael Gundlach

Hevenu Shalom Alechem

Solopiano

Traditional
Arr.: Michael Gundlach

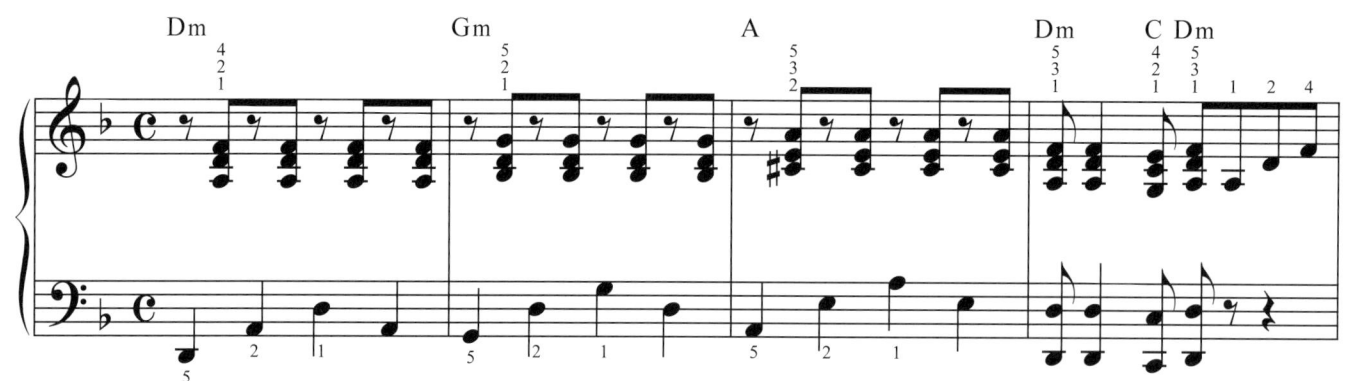

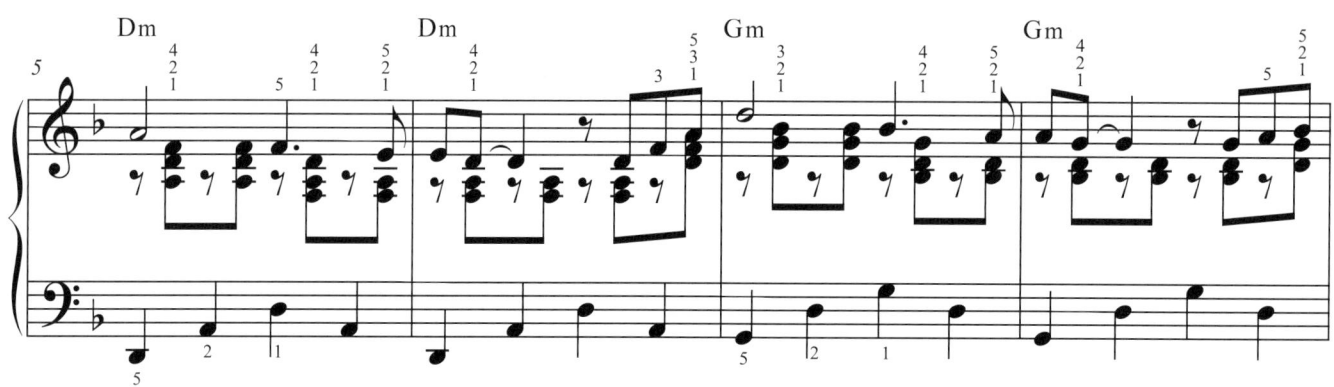

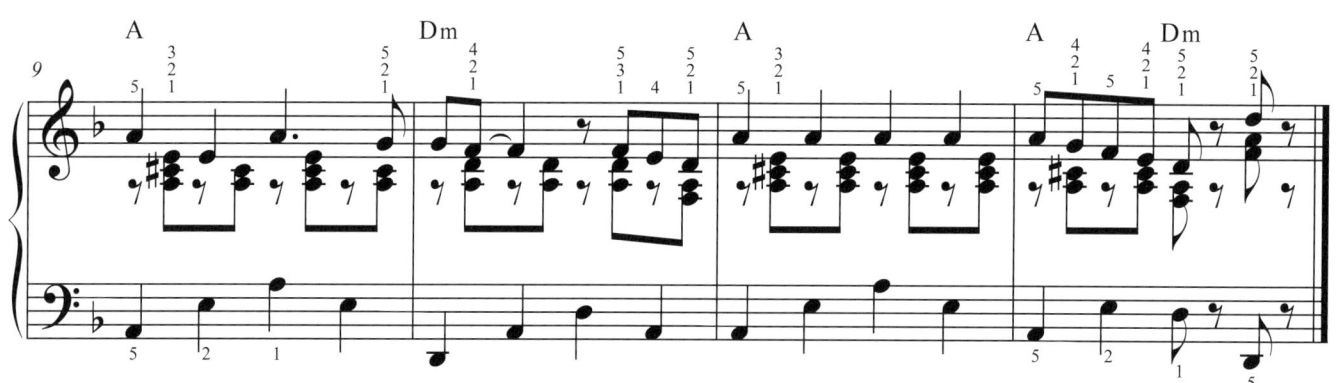

Slowrock

Bei einem Slowrock handelt es sich um eine langsame Form der Rockmusik (slow = langsam). Charakteristisch ist die durchgehende Achtelnoten-Begleitung des im 6/8-Takt notierten Musikstils. Eines der wohl bekanntesten Slowrock Stücke ist „House Of The Rising Sun".

Versuchen Sie einmal mit Hilfe der Lead-Sheet Version dieses Lied aus dem Kopf heraus frei zu begleiten, und vergleichen Sie Ihr Ergebnis mit der darauf folgenden ausnotierten Begleitung. Die Achtelnoten-Rhythmik wird dort von der rechten Hand gespielt. In der darauf folgenden Solo-Bearbeitung des Stückes wird der Achtelrhythmus von der linken Hand übernommen.

House Of The Rising Sun

Lead-Sheet

Traditional
Arr.: Michael Gundlach

House Of The Rising Sun

Slowrock-Begleitung

Traditional
Arr.: Michael Gundlach

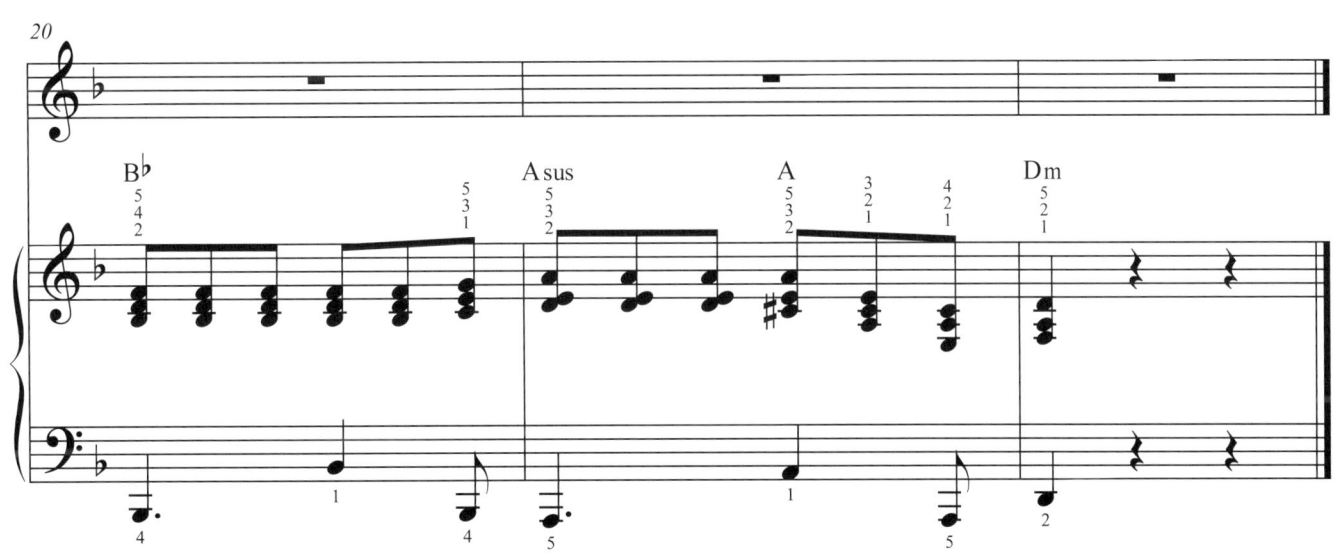

House Of The Rising Sun

Solopiano

Traditional
Arr.: Michael Gundlach

Bossa Nova

Wenden wir uns einer weiteren lateinamerikanischen Musikrichtung zu. Der Bossa Nova ist wegen seiner besonderen Atmosphäre nicht nur bei Tänzern äußerst beliebt, sondern wird von Pianisten gerne als Standard-Begleitung für Sänger genutzt.

Der Bossa kann in „Halftime" oder in „Double-Time" notiert werden. Das bedeutet entweder in halber oder doppelter Geschwindigkeit. Üben Sie erst die fünf typischen Bossa Nova Bassfiguren der linken Hand, die hier in beiden Notationsarten abgedruckt sind.

Bassfiguren Bossa Nova (linke Hand)

Spielen Sie jetzt mit der rechten Hand einen C-Dur oder C-Moll Akkord mit einer der folgenden Rhythmiken dazu. (Die Beispiele a und b unterscheiden sich auch hier nur in ihrer Notationsweise: a = halftime, b = double-time)

Begleitrhythmen Bossa Nova (rechte Hand)

1a.

1b.

2a.

2b.

3a.

3b.

94 ## Bossa Nova - Kadenzbeispiel

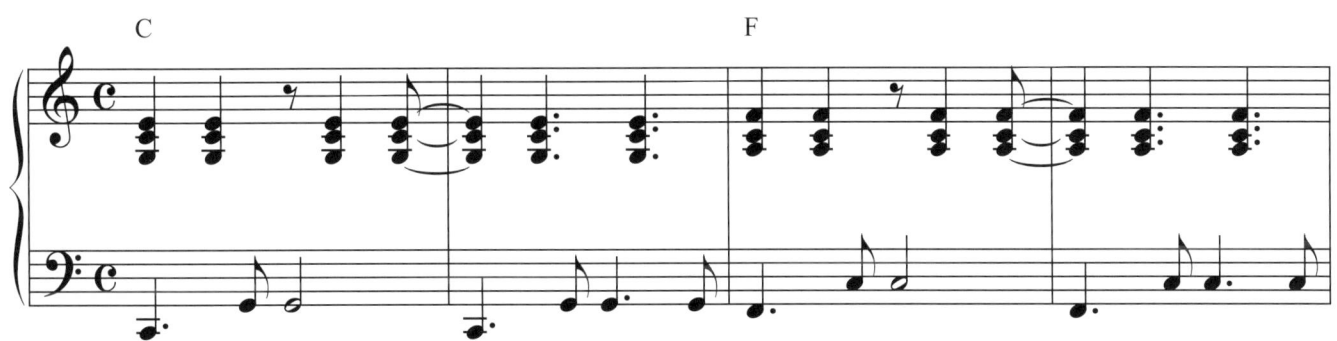

Oh My Darling

Bossa Nova Begleitung

Traditional
Arr.: Michael Gundlach

artist ahead

Samba

Als letzten Stil der populären Musik noch einmal eine lateinamerikanische Musik- und Tanzart. Schon am ersten Takt der folgenden Samba-Begleitung zu „Oh My Darling" ist der interessante Grundrhythmus der rechten Hand zu erkennen, der das ganze Stück hindurchläuft und prägt. Die linke Hand beschränkt sich beim Begleiten dieser „feurigen" Musikrichtung meist auf das Wechselspiel von Grundton und Quinte.

96 **Oh My Darling**
Sambabegleitung

Traditional
Arr.: Michael Gundlach

Harmonielehre kompakt

Die Intervalle

Unter einem Intervall versteht man den Abstand zwischen zwei gleichzeitig oder nacheinander gespielten Tönen. Ihr Abstand wird in Halbtonschritten ermittelt. In der Kurzform gibt es folgende Intervallbezeichnungen: Prime, Sekunde, Terz, Quarte, Quinte, Sexte Septime, Oktave, None, Dezime. Zusätzlich wird unterschieden in reine, verminderte, übermäßige, große und kleine Intervalle. So gibt es beispielsweise eine kleine und eine große Sekunde. Nehmen wir nun als Grundlage den Ton „C", von dem aus die einzelnen Intervalle errechnet werden:

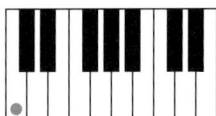

Unter einer **„reinen Prime"** versteht man ein- und denselben Ton zweimal hintereinander gespielt.

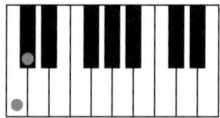

Wenn wir von „C" einen Halbtonschritt weiter zum Ton „Cis" bzw. „Des" gehen, erhalten wir eine **„kleine Sekunde"**.

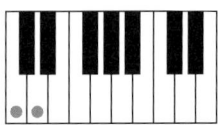

Gehen wir von „C" zwei Halbtonschritte weiter, erhalten wir eine **„große Sekunde"**.

Ein Abstand von drei Halbtonschritten wird als **„kleine Terz"** bezeichnet.

Eine **„große Terz"** ergibt sich aus vier Halbtonschritten.

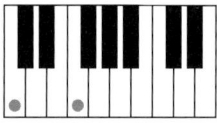

Die **„reine Quarte"** errechnet sich mit fünf Halbtonschritten.

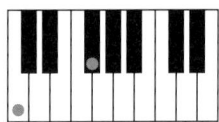

Gehen wir vom Ton „C" sechs Halbtonschritte nach oben, erhalten wir ein Intervall, das drei verschiedene Bezeichnungen haben kann. Wird der zweite Ton als „Fis" angegeben, spricht man von einer **„übermäßigen Quarte"**. Ist der zweite Ton, enharmonisch verwechselt, ein „Ges", handelt es sich um eine **„verminderte Quinte"**. Da man mit drei Ganztonschritten ebenfalls zum Ton „Fis" bzw. „Ges" kommt, spricht man in der dritten Bezeichnung von einem **„Tritonus"**.

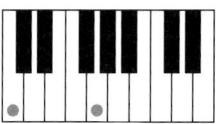

Die **„reine Quinte"** hat einen Tonabstand von sieben Halbtönen.

artist ahead

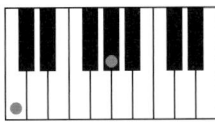

Eine „**kleine Sexte**" ergibt sich aus acht Halbtonschritten.

Ein Abstand von neun Halbtonschritten wird als „**große Sexte**" bezeichnet.

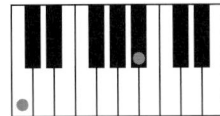

Bei einem Abstand von zehn Halbtonschritten spricht man von einer „**kleinen Sepime**".

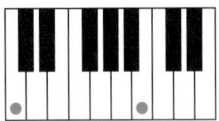

Beträgt der Abstand zwischen den beiden Tönen elf Halbtöne, wird von einer „**großen Septime**" gesprochen.

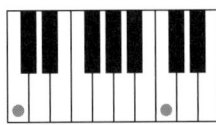

Eine „**reine Oktave**" setzt sich aus einem Abstand von zwölf Halbtönen zusammen.

Von einer „**kleinen None**" spricht man bei einem Tonabstand von dreizehn Halbtönen.

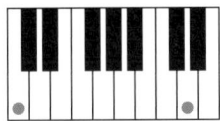

Eine „**große None**" hat einen Tonabstand von vierzehn Halbtönen.

Beträgt der Abstand zwischen den beiden Tönen fünfzehn Halbtöne, wird von einer „**kleinen Dezime**" gesprochen.

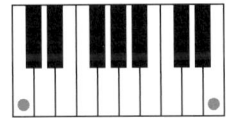

Eine „**große Dezime**" ergibt sich durch einen Abstand von sechzehn Halbtönen.

Wie die erläuterten Intervalle im Notenbild aussehen, zeigen die beiden folgenden Grafiken:

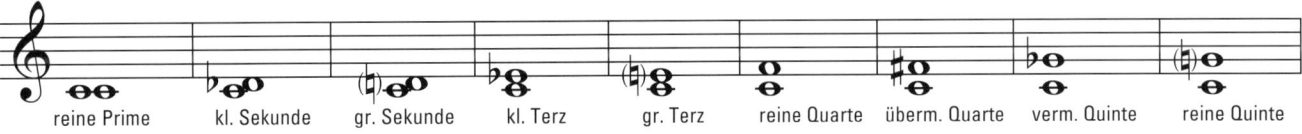

reine Prime · kl. Sekunde · gr. Sekunde · kl. Terz · gr. Terz · reine Quarte · überm. Quarte · verm. Quinte · reine Quinte

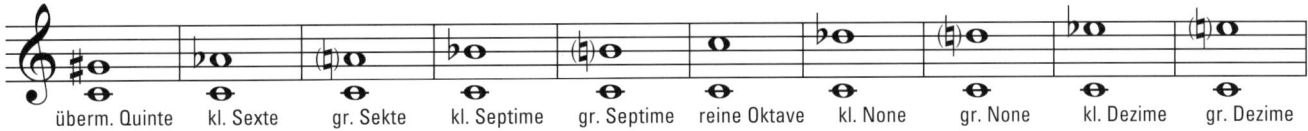

überm. Quinte · kl. Sexte · gr. Sekte · kl. Septime · gr. Septime · reine Oktave · kl. None · gr. None · kl. Dezime · gr. Dezime

Bedeutung der Akkordsymbole

Eine komplette Liste sämtlicher Akkorde würde den Rahmen dieses Buches sprengen. Wir wollen uns deshalb auf die wichtigsten Akkorde am Beispiel des Grundtons C beschränken und unterschiedliche Schreibweisen für ein und denselben Akkord vorstellen.

Für einen Dur-Akkord bzw. Dur-Dreiklang steht einfach nur ein Großbuchstabe:

z.B.: C

Für einen Moll-Akkord bzw. Moll-Dreiklang gibt es gleich fünf verschiedene Bezeichnungen:

z.B.: c, C-, Cm, Cmi, Cmin
Als Akkordbezeichnung für Moll wird entweder nur ein Kleinbuchstabe oder ein Großbuchstabe in Kombination mit „-" (Minuszeichen), „m", „mi" oder „min" geschrieben. Die letzten drei Abkürzungen stehen für das englische Wort „minor". (minor = Moll).

Soll zu einem Dur-Dreiklang eine große Septime hinzugefügt werden, haben sich folgende Akkord-Bezeichnungen durchgesetzt:

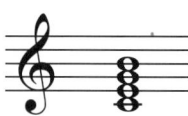
z.B.: C$_\triangle$, Cmaj7, Cmaj, Cmj, Cj, Cj7, CM7, CMaj7, CM
Die Bezeichnungen „maj", „mj", „j", „M" sind Abkürzungen für das englische Wort „major". (major = Dur)

Steht hinter dem Buchstaben eine „7", wird zu dem Dreiklang eine kleine Septime hinzugefügt:

z.B.: C7

z.B.: Cm7 oder C-7

Für einen halbverminderten Akkord gibt es zwei verschiedene Bezeichnungen:

z.B.: Cm7/b5, Cø
Das „m" steht für Moll (kleine Terz), die „7" kennzeichnet, dass die kleine Septime hinzugefügt werden soll, und das „b5" bedeutet das die Quinte des Akkords vermindert, also einen Halbton tiefer gespielt wird.

Ein verminderter oder auch vollverminderter Akkord kann folgende drei Bezeichnungen haben:

z.B.: Cdim., C°, C°7

„dim." ist die Abkürzung des englischen Wortes „diminished", was übersetzt „vermindert" heißt. Bei einem vollverminderten Akkord wird im Gegensatz zu einem halbverminderten Akkord auch die kleine Septime quasi nochmals „vermindert", d.h. einen Halbton tiefer gespielt.

Will man einen sus-Akkord spielen, muss die Terz durch die Quarte ersetzt werden. Manchmal wird am Akkordsymbol noch eine 4 angehängt:

z.B.: C4, Csus, Csus4

„sus" ist die Abkürzung für „suspended" und heißt übersetzt „ersetzen".
(Die Terz wird durch die Quarte ersetzt)

Ein Akkord, der nur aus Grundton und Quinte besteht wird als „Power-Chord" bezeichnet:

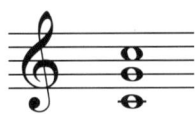

z.B.: Cno3

„no3" steht für „keine 3", also spielt man keine Terz. Damit wieder ein Dreiklang entsteht, kann man den Grundton oder die Quinte verdoppeln (siehe Notenbeispiel).

Steht hinter dem Buchstaben eine „6", wird zu dem Dreiklang eine große Sexte hinzugefügt:

z.B.: C6

Soll die Terz eines Akkords durch eine None oder Sekunde ersetzt werden, gibt es vier Möglichkeiten:

z.B.: Csus2, Cadd2no3, C2no3, C9no3

„sus" ist die Abkürzung für „suspended" und heißt übersetzt „ersetzen" (die Terz wird durch die 2te Stufe, also die Sekunde ersetzt). Da die 9te und 2te Stufe dem gleichen Ton entsprechen (genau eine Oktave auseinanderliegen), kann man auch mit dem Anhängsel „9no3" dem Akkord eine None hinzufügen („9"), und gleichzeitig die Terz (3te Stufe) entfernen („no3").

Ein Akkord mit übermäßiger Quinte kann eines der zwei folgenden Symbole tragen:

z.B.: C+, Caug

„aug" ist die Abkürzung für „augmented" und heißt übersetzt „erhöhen".
(Die Quinte wird um einen Halbton erhöht)

„Slash-Chords" oder auch „On-Bass-Chords" geben nicht nur einen Akkord für die rechte Hand an, sondern schreiben gleichzeitig der linken Hand einen bestimmten Basston vor, der sich vom Grundton des Akkords unterscheidet. Das linke Symbol wird immer von der rechten Hand gespielt, und das rechte Symbol von der linken Hand:

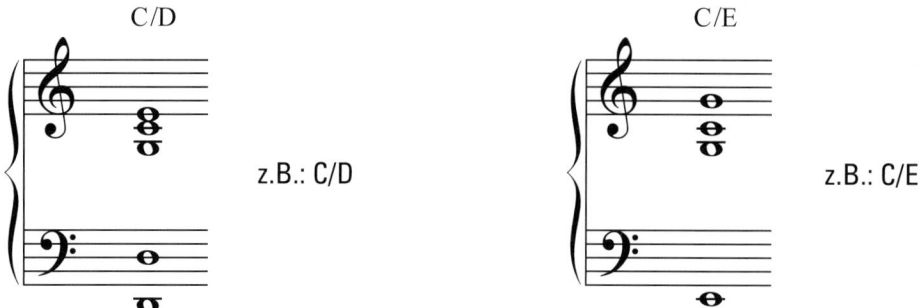

Im Grunde könnte man beispielsweise den Akkord „C/D" auch als einen „Dsus"-Akkord interpretieren. Ganz korrekt sogar als „Dsus7/9". Da diese Akkordbezeichnung aber sehr kompliziert ist, schreibt man der Einfachheit halber „C/D". Wird, wie bei dem Symbol „C/E", die Terz eines Akkordes im Bass gespielt, sollte die rechte Hand die Terz nicht spielen, da eine Terzverdopplung in der Regel nicht gut klingt. Stattdessen kann der Grundton oder die Quinte verdoppelt werden, wie im obigen Notenbeispiel zu sehen ist.

Akkordtabellen

Major (Dur-Dreiklang)

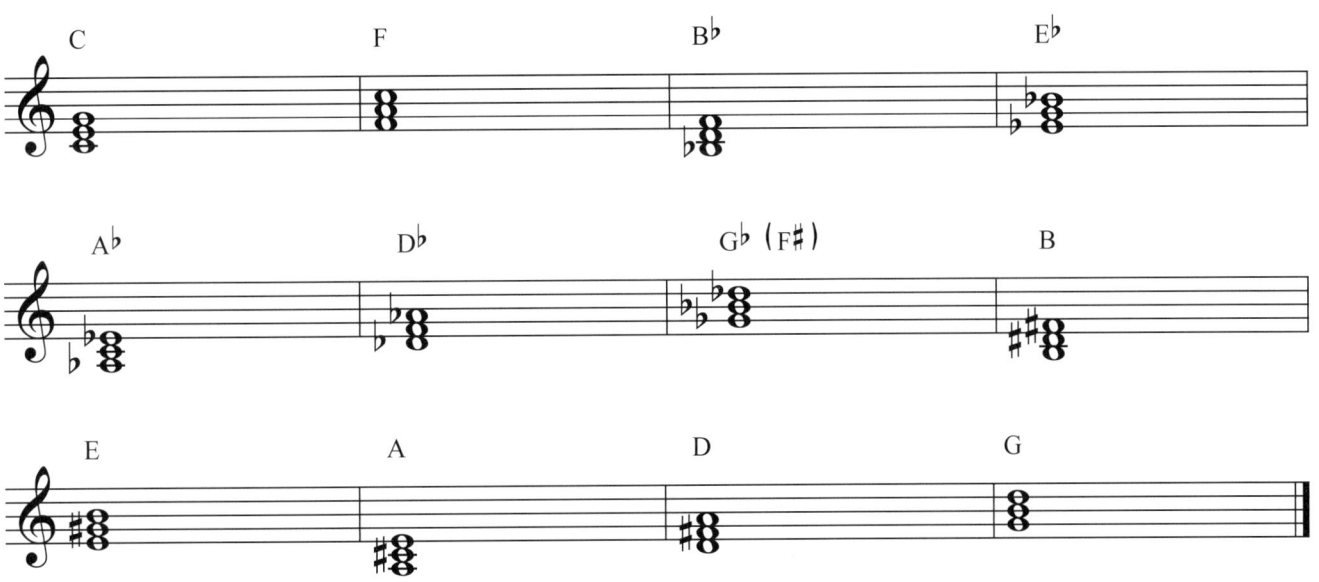

Minor (Moll-Dreiklang)

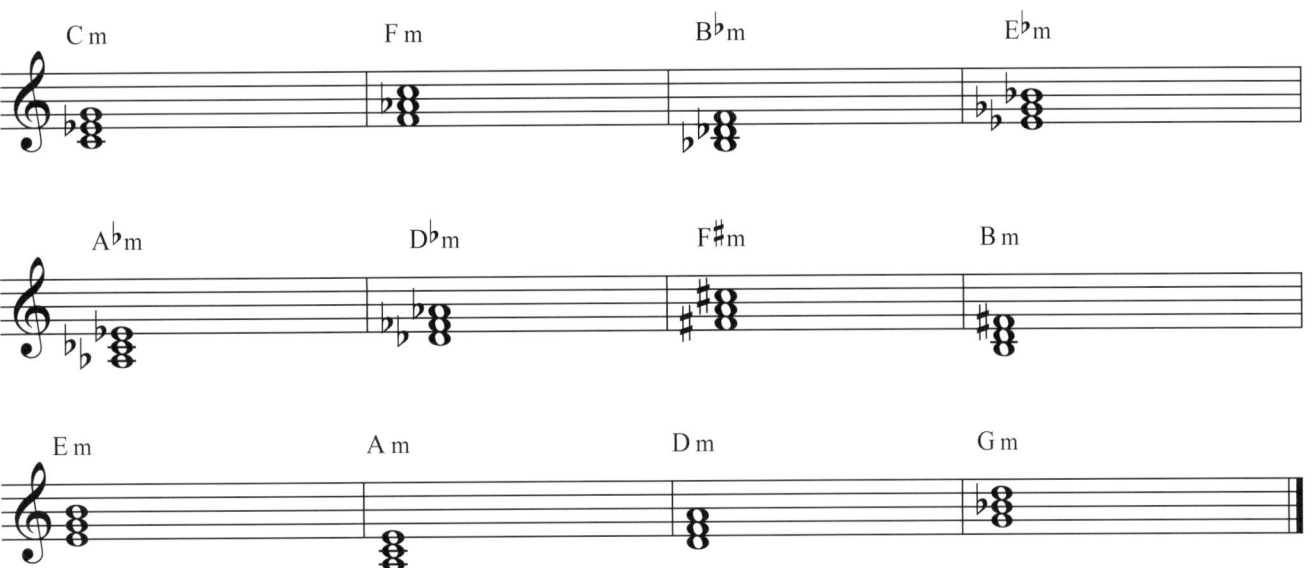

Akkordtabellen

Major 7

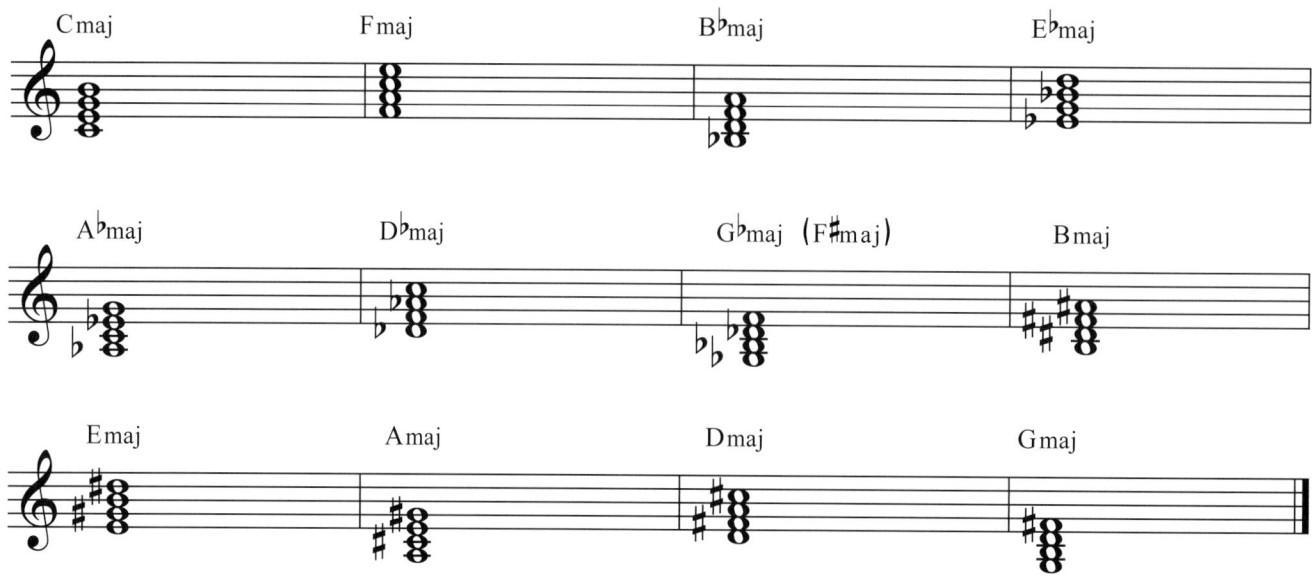

Minor 7

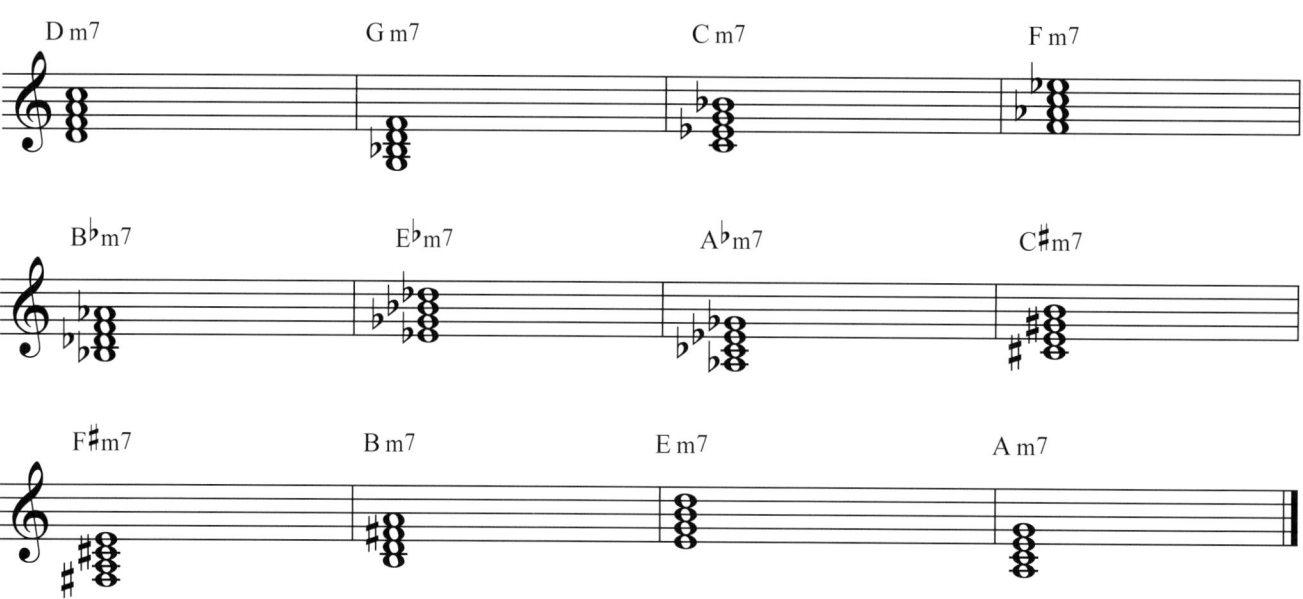

Akkordtabellen

Dominant-Sept

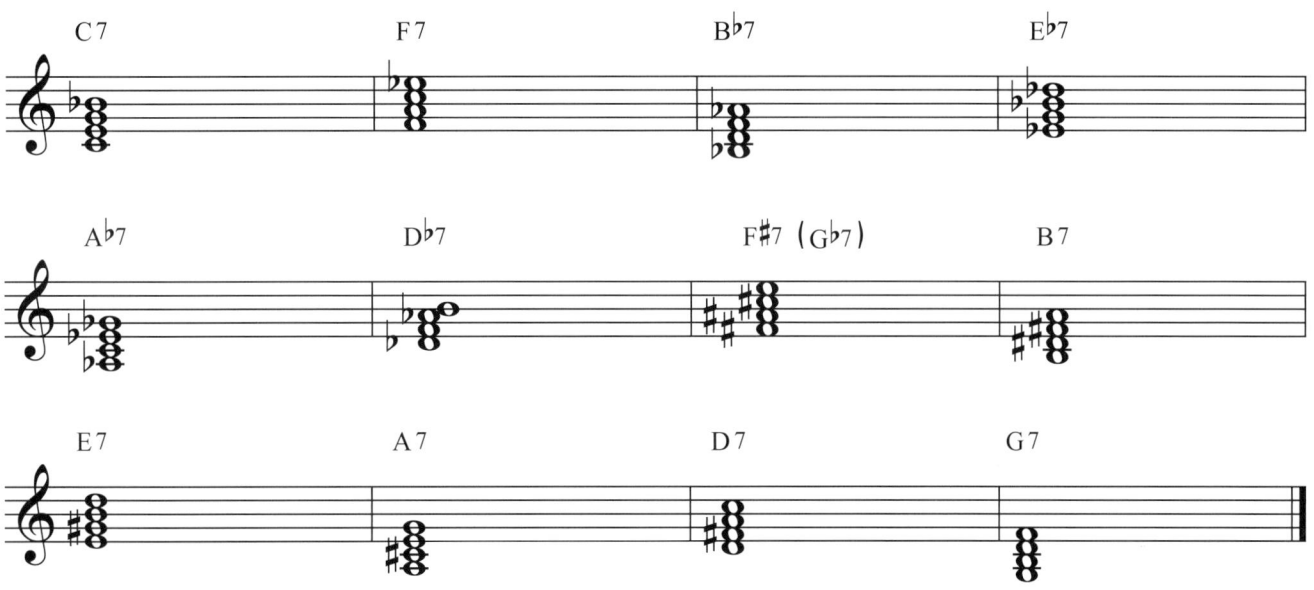

Half-Diminished (Halbvermindert)

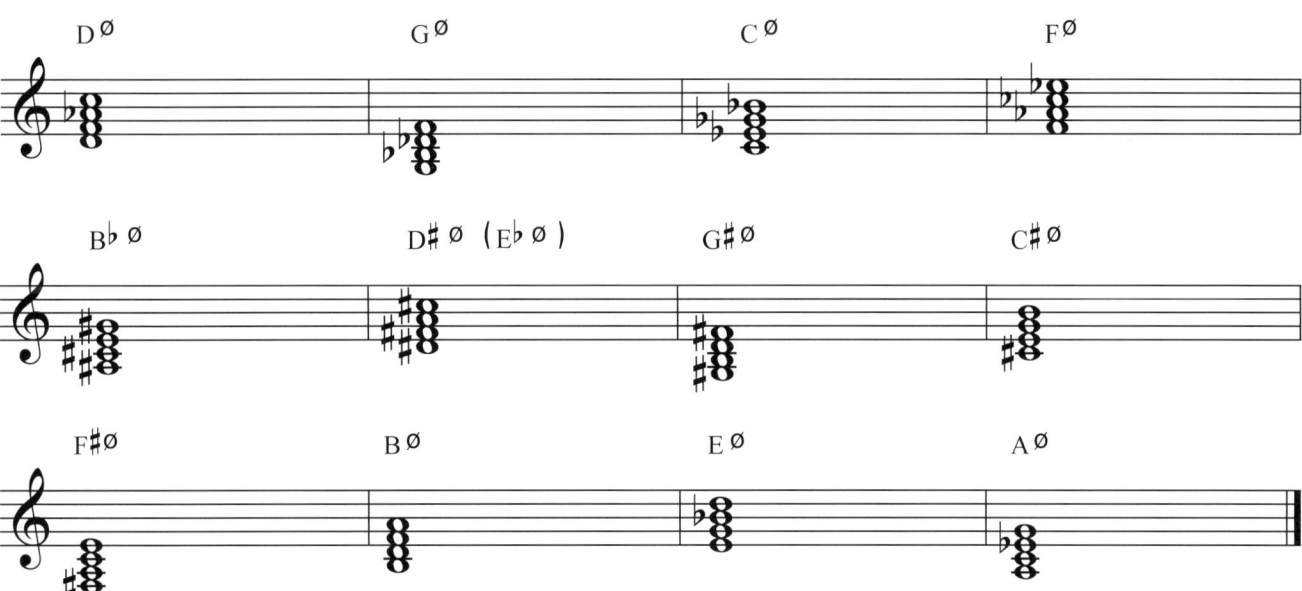

Akkordtabellen

Diminished (Vollvermindert)

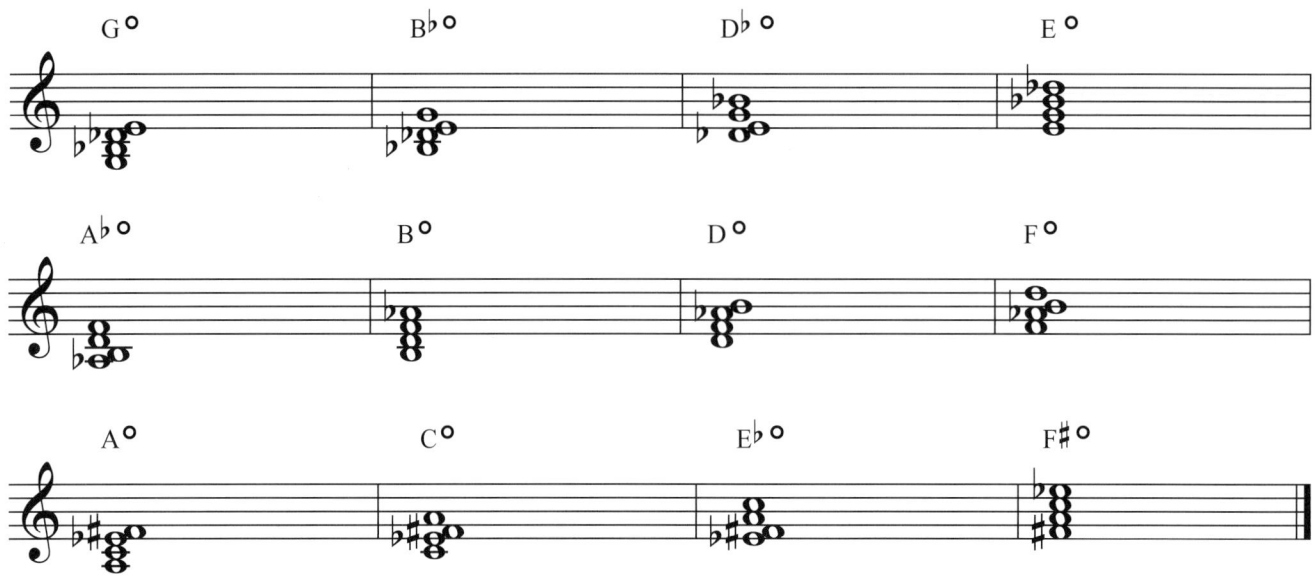

Suspended

Danke

Mein erster Dank gilt meinen Eltern und meiner Schwester Claudia. Ihr habt mich jahrelang unterstützt. Ich werde Euch das nie vergessen!

Bedanken möchte ich mich auch bei all meinen Musiklehrern. Hervorheben möchte ich dabei besonders meinen bereits verstorbenen Klassiklehrer Prof. Helmut Vogel sowie meinen Jazzlehrer Prof. Joerg Reiter. Ihr habt mich musikalisch sehr geprägt!

Danke Kostas für die jahrelange gute Zusammenarbeit und für Dein tolles Gitarrenspiel!
Danke Uli für Dein wunderbares Cartoon!
Danke Hans-Jörg (artist ahead) für Dein Vertrauen und Deine Unterstützung!

Danken möchte ich auch allen, die mich unterstützt und zu diesem Projekt ermutigt haben!

Mein größter Dank geht an Gott, der mir meine Begabung geschenkt hat und mir in Jesus Christus Hoffnung und Zukunftsperspektive gibt!

Michael Gundlach

WEITERE NOTENAUSGABEN FÜR KLAVIER VON MICHAEL GUNDLACH ...

DER BAR-PIANO PROFI
Stilvolle Barpiano-Techniken und ihre professionelle Umsetzung

Die Fortsetzung des Bestsellers „Die Bar-Piano Schule". Der fortgeschrittene Klavierspieler wird hier praxisnah und auf leicht verständliche Weise in die Geheimnisse des Entertainment-Pianos eingeweiht. Anhand vieler Beispiele wird gezeigt, wie man einen Song, von einem Leadsheet ausgehend, in ein geschmackvolles Klavierarrangement im typischen Barpiano-Stil verwandelt. Harmoniefolgen, Fill-Spiel, Modulation, Terzenspiel, Intros und Endings sowie die Funktionen der linken und rechten Hand werden ausführlich behandelt. Alle Übungen und Beispiele werden transponiert in allen Tonarten in einer 135 Seiten großen PDF-Datei mitgeliefert.

Michael Gundlach
A4-Buch inkl. Download, 160 Seiten
ISBN 978-3-86642-022-9

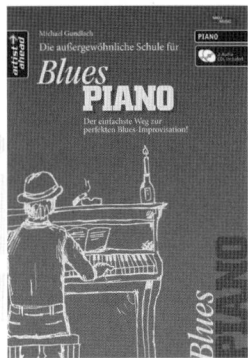

DIE SCHULE FÜR BLUES-PIANO
Der einfachste Weg zur perfekten Blues-Improvisation!

Blues-Improvisation vom Allerfeinsten und ihre Anwendung in allen gängigen Musikstilen. Das möchte jeder Pianist können, um für den großen Auftritt und jede Jam-Session gerüstet zu sein. Schneller, leichter und vor allem erfolgreicher dieses Ziel erreichen - mit dieser Schule hat jeder die Chance. Ein Buch mit vielen leicht verständlichen Beispielen und effektiven Übungen. Die fantastisch klingenden Playalongs wurden von einer echten Band, in verschiedenen Musikstilen, eingespielt und bieten ein einzigartiges Mitspielvergnügen. Hier werden die Geheimnisse der Blues-Improvisation gelüftet und man hat die Möglichkeit in den inneren Kreis der Bluesprofis einzutreten.

Michael Gundlach
A4-Buch inkl. Download, 164 Seiten
ISBN 978-3-86642-048-9

BOOGIE WOOGIE STARTER
Der leichte Einstieg zur Boogie- & Blues-Improvisation

Ein Lehrwerk, das in die Grundlagen des Boogie Woogie-Spiels und der damit verbundenen Blues-Improvisation einführt. Gezeigt wird, neben den typischen Bass-Figuren der linken Hand, wie einfach es sein kann, mit nur drei Tönen in der rechten Hand, einen eigenen Boogie-Song zu improvisieren. Darauf aufbauend wird die Improvisation mit vier oder fünf Tönen erläutert. Für die zwölf Spielstücke dieser Klavierschule wurden professionelle Band-Playbacks in zwei Versionen erstellt: mit Klavier als Hörbeispiel, und als Playalong zum Mitspielen. So kann das Solopiano und auch das Spiel mit einer richtigen Band geübt werden.

Michael Gundlach
A4-Buch inkl. Download, 96 Seiten
ISBN 978-3-86642-013-7

WALKING BASS FOR PIANO
Konzeption zum kreativen Walking Bass-Spiel

Die beliebte Spielweise des „Walking Bass", welche normalerweise vom Bassisten einer Band umgesetzt wird, lässt sich hervorragend auf das Klavier übertragen. Viele Pianisten tun sich allerdings sehr schwer damit, und finden oftmals nicht den richtigen Zugang in die Materie. Zudem gibt es kaum Lehrmaterial, das sich ausschließlich diesem Thema widmet. Die vorliegende Konzeption ist die erste ihrer Art und ein Muss für jeden Pianisten, der die sehr beliebte Spielweise des „Walking Bass" lernen und kreativ umsetzen möchte.

Michael Gundlach
A4-Buch inkl. Download, 144 Seiten
ISBN 978-3-86642-027-4

Erhältlich unter **www.artist-ahead.de** oder bei Ihrem gut sortierten Fachhändler.